ARGENTINE LITERATURE

UNIVERSITY OF NORTH CAROLINA STUDIES
IN LANGUAGE AND LITERATURE
NUMBER 1

ARGENTINE LITERATURE

A BIBLIOGRAPHY OF LITERARY CRITICISM,
BIOGRAPHY, AND LITERARY CONTROVERSY

BY

STURGIS E. LEAVITT
PROFESSOR OF SPANISH

CHAPEL HILL, N. C., U. S. A.
THE UNIVERSITY OF NORTH CAROLINA PRESS
1924

COPYRIGHT, 1924, BY
THE UNIVERSITY OF NORTH CAROLINA PRESS

TO
SEÑOR ESTANISLAO S. ZEBALLOS

CONTENTS

	PAGE
INTRODUCTORY NOTE	1
LIST OF MAGAZINES EXAMINED	3
LIST OF TITLES	5
INDEX	83

INTRODUCTORY NOTE

The following bibliography is the result of researches in the libraries of Buenos Aires, particularly the Biblioteca Nacional, the library of the University of Buenos Aires, and the private collection of Dr. Estanislao S. Zeballos. The titles mentioned include (1) books and articles published in Argentina, and (2) those printed elsewhere by Argentines or men who lived in Argentina long enough to establish an intimate contact with its intellectual life. In the list of titles figure histories of literature, autobiographies, collections of biographies, and articles and books of a biographical, controversial or critical nature. In the case of books the content or scope of the volume is indicated when the title does not make this clear, and, whenever possible, quotations from reviews have been added to throw light upon the value of the work in question. Other than this no attempt has been made by the compiler to give critical evaluations. Articles of less than one page have usually been omitted.

Among the various authors mentioned in the course of this study it will be found that some who are not Argentines have been included. These are men who have been closely associated with the literature of Argentina and who are not infrequently regarded as Argentines. In such cases the nationality of the writer is indicated in brackets.

The obligations incurred in the collecting of the material have been many. Among others the compiler is particularly indebted to Señor Paul Groussac of the Biblioteca Nacional, who with ready sympathy put every facility of the library at the writer's disposal; to Dr. Estanislao S. Zeballos, who lightened the task not only by generously affording access to his own remarkable collection of books but by helpful suggestions and advice; to Dr. Ernesto Quesada, Professor Ricardo Rojas, Señor Leopoldo Lugones and Narciso Binayán, who furnished valuable information from time to time. The friendly interest of Professor J. D. M. Ford of Harvard University has constantly been a source of inspiration.

S. E. L.

LIST OF MAGAZINES EXAMINED

The magazines examined and abbreviations therefor used in this bibliography are as follows:

Anal. de la Acad. de F. y L.—Universidad Nacional de Buenos Aires. Anales de la Academia de Filosofía y Letras. Vicente G. Quesada, director de patronato. 1910-1916. 5 v.

Anal. de la Bibl.—República Argentina. Anales de la Biblioteca. Publicación de documentos relativos al Río de la Plata con introducción y notas por P. Groussac, Director de la Biblioteca Nacional. Buenos Aires, Impr. y casa editora de Coni hermanos, 1900-1915. 10 v.

Atl.—Atlántida. Director, David Peña. Buenos Aires, Impr. y casa editora de Coni hermanos, 1911-1914. 13 v.

Bibl.—Historia, Ciencias, Letras. La Biblioteca. Revista mensual dirigida por P. Groussac. Buenos Aires, Impr. de Pablo E. Coni é hijos, 1896-1898. 8 v.

El Plata.—El Plata Científico y Literario. Revista de los estados del Plata sobre legislación, jurisprudencia, economía política, ciencias naturales y literatura. Publicado bajo la dirección de Miguel Navarro-Viola (abogado). Buenos Aires, Impr. de Mayo, 1854-1855. 7 v.

Est.—Estudios. Doctor Adolfo Casabal—Tristán Achaval Rodríguez—Directores. [Impr. y casa editora de Coni hermanos] 1901-1904. 9 v.

Mon. de la Educ. Común.—El Monitor de la Educación Común. Publicación oficial de la Comisión Nacional de Educación. Buenos Aires, 1881- . 69 v. to Oct. 1918.

Nosotros.—Nosotros. Revista mensual de literatura—historia—arte—filosofía. Aparece en la primera quincena de cada mes. Directores. Alfredo Bianchi—Roberto F. Giusti. Buenos Aires, Dirección y administración, 357 Buen Orden, 1907- . 42 v. to Dec. 1922.

From February, 1910, until April, 1911, no numbers were published.

Nueva Rev. de B. A.—Nueva Revista de Buenos Aires. Dirigida por Vicente G. Quesada, Ernesto Quesada (co-redactor y administrador). Buenos Aires, Impr. y librería de Mayo, de C. Casavalle, Editor, 1881-1885. 13 v.

v. VII ff. were edited by Ernesto Quesada.

Rev. (1) Arg.—Revista Argentina. Dirigida por José Manuel Estrada. Buenos Aires, Impr. americana, 1868-1872. 13 v.

v. VI ff. were edited by Pedro Goyena and Estrada.

Rev. (2) Arg.—Revista Argentina. Segunda época. Dirigida por José Manuel Estrada. Buenos Aires, Impr. de M. Biedma, 1880-1881. 3 v.

Rev. (3) Arg.—Revista Argentina. Historia americana—literatura—legislación—jurisprudencia y administración. Director David Peña. Rosario de Santa Fe, Impr. lib. y enc. de R. Olivé (hijo), 1891. 1 v.

Rev. Cient. y Lit.—Revista Científica y Literaria. Publicación quincenal. Director, Calisto Oyuela. Buenos Aires, Impr. de Pablo E. Coni, 1883. 1 v.

Rev. de B. A.—La Revista de Buenos Aires. Historia americana, literatura y derecho. Periódico destinado á la República Argentina ... Publicado bajo la dirección de Miguel Navarro Viola y Vicente G. Quesada (abogados). Buenos Aires, Impr. de Mayo, 1863-1871. 24 v.

Rev. de D. H. y L.—Revista de Derecho, Historia y Letras. Dirigida por E. S. Zeballos. Buenos Aires, Impr. lit. y enc. de Jacobo Peuser, 1898- . 65 v. to 1920.

Rev. de Fil.—Revista de Filosofía. Cultura—ciencias—educación. Publicación bimestral dirigida por José Ingenieros. 1920- . 11 v. to April, 1920.

Rev. de la Univ.—Revista de la Universidad de Buenos Aires. Publicada por orden del Consejo Superior de la Universidad. Director: Rodolfo Rivarola. Buenos Aires, Impr. " Didot " de Félix Lajouane y ca, 1904- . 42 v. to 1920.

Rev. de la Univ. de Córdoba.—Revista de la Universidad Nacional de Córdoba. Director: Dr. Enrique Martínez Paz. 1914- . 6 v. to 1919.

Rev. del Río de la Plata.—Revista del Río de la Plata. Periódico mensual de historia y literatura de América publicado por Andrés Lamas, Vicente Fidel López, y Juan María Gutiérrez. Buenos Aires, Carlos Casavalle—editor, Impr. y lib. de Mayo, 1871-1877. 13 v.

v. XII and XIII were edited by López and Gutiérrez.

Rev. Nacl.—Revista Nacional. Historia americana—literatura—jurisprudencia. Director, Adolfo P. Carranza. Buenos Aires, Impr. " Europea," 1886-1891. 14 v.

Revista Nacional. Segunda serie. Director: Carlos Vega Belgrano. Calle del Cuyo, 1892-1894. v. 15-19.

Revista Nacional. Directores proprietarios: Alejandro Rosa —José Antonio Pillado—José Juan Biedma. Tercera serie. Buenos Aires, Calle Lavalle, 1894-1896. v. 20-23.

Revista Nacional. Director, Rodolfo W. Carranza. Administración, Cerrito. 1897-1908. v. 24-46.

ARGENTINE LITERATURE: A BIBLIOGRAPHY OF LITERARY CRITICISM, BIOGRAPHY AND LITERARY CONTROVERSY

In the following list the authors are arranged alphabetically, but any author's material, if he has more than one title, is arranged chronologically.

1. Acevedo Díaz, Eduardo (hijo). *Los nuestros (Estudios de crítica). El gran trájico argentino. La España del credo y de la conquista. La impersonalidad argentina. Los centauros. El espíritu de nuestro pasado y el ideal del porvenir. El poeta de la emoción.* Martín García, librero-editor, Buenos Aires, 1910. 237, [3] p.

    The men and books referred to in the title are: José M. Ramos Mejía, *Rosas y su tiempo,* p. 13-81; Enrique Larreta, *La gloria de Don Ramiro,* p. 83-119; Rodolfo Rivarolo, *Del regimen federativo al unitario,* p. 121-62; Leopoldo Lugones, *La guerra gaucha,* p. 163-200; Ricardo Rojas, *La restauración nacionalista,* p. 201-19; and Enrique Banchs, p. 221-37.

2. "A. H." Nuestros colaboradores. Manuel C. Chueco. *Atl.,* XI, 318-19.
3. Aita, Antonio. La influencia española en la literatura argentina. *Ibid.* XII, 45-50.
4. ———— Un poeta ("Almafuerte"). *Ibid.* XIII, 117-19.
5. Alberdi, Juan Bautista. Don Esteban Echeverría. See Echeverría, *Obras,* V.
6. ———— Juan María Gutiérrez. *Bibl.,* III, 161-92. See Gutiérrez, *Origen y desarrollo de la enseñanza pública* . . . 1915, Introd.
7. ———— *Escritos póstumos. Ensayos sobre la sociedad, los hombres y las cosas de Sud-América.* Tomo XI. Buenos Aires, Impr. Cruz hermanos, 1900. 798, [1] p.

    "Mitre," p. 339-511.
    "El *Facundo* y su autor [D. F. Sarmiento]," p. 609-25.

8. ———— Críticas teatrales (inédito). *Atl.,* XII, 419-33.
9. Alberini, Coriolano. Las transformaciones de la sociedad argentina, por Horacio G. Rivarola. *Nosotros,* VI, 70-2.
10. Alonso Criado, Emilio. Echeverría. *Rev. Nacl.,* XL, 101-8.
11. ———— *Literatura argentina. Segunda edición.* Buenos Aires, Est. tip. Roma, 1904. VI, 95, [1] p.
    ———— ———— *Cuarta edición.* Buenos Aires, Lib. de A. García Santos, 1916. 166, [2] p.

    A text for use in national *colegios* and normal schools.

12. ———— El valor del *Martín Fierro.* See *Nosotros,* XII.

13. "A. L. P." *El porvenir de la América Latina*, por Manuel Ugarte. *Nosotros*, V, 301-4.
14. Alsina, Valentín. Notas al libro *Civilización y barbarie*, por Sarmiento. *Rev. de D. H. y L.*, X, 165-77, 334-50, 297-504; XI, 47-67, 165-81.
15. Á[lvarez] P[rado], L[uis]. Nuestros colaboradores: Estanislao Zeballos; Carlos Ibarguren: A. Parodié Mantero, Damián P. Garat. *Atl.*, VII, 474-8.
16. ———— ———— Osvaldo Magnasco. *Ibid.* VIII, 309-11.
17. Anon. *Rasgos biográficos del ciudadano Don Domingo F. Sarmiento. Fundador de la Escuela Normal de Preceptores, Miembro de la Universidad de Chile, de la Sociedad de Agricultura y de Beneficencia del mismo estado, etc.* Buenos Aires, Impr. argentina, 1867. 43 p.

    A compressed sketch of Sarmiento's life with a considerable amount of biographical detail.

18. ———— Apuntes biográficos del general Mitre. *Mon. de la Educ. Común*, XXII, 9-30.
19. ———— La dictadura de Rosas, por M. A. Pelliza. *Rev. Nacl.*, XIX, 398-408.
20. *Anuario bibliográfico de la República Arjentina. 1879.* Director: Alberto Navarro Viola. Buenos Aires, Impr. del Mercurio, 1880. 354 p.

    In addition to the strictly biographical details the director usually adds a note on the contents of the book, and in many cases his critical judgment.
    The section on literature contains one signed article, p. 199-210, by M. García Mérou, "Carlos Guido y Spano, *Ráfagas*" [See García Merou, *Libros y autores*], and one by V. G. Quesada, "La biblioteca popular de Buenos Aires," p. 218-23.

———— *Año II–1880.* Buenos Aires, Impr. de M. Biedma, 1881. 411 p.

    "*Eduardo*, por A. N. V." by J. E. M., p. 302-5.

———— *Año III–1881.* Buenos Aires, [Impr. M. Biedma] 1882. XXXIII, 623 p.

———— *Año IV–1882.* Buenos Aires, [Impr. M. Biedma] 1883. 598, [2] p.

———— *Año V–1883.* Buenos Aires, [Impr. M. Biedma] 1884. 485, 60, [2] p.

    Pt. 2 is entitled "Diarios y periódicos de la República Argentina."

———— *Año VI–1884.* Buenos Aires, [Impr. de M. Biedma] 1885. 433, XLVII, [1] p.

    Pt. 2, "A. N. V. In Memoriam," is a sort of *corona fúnebre*, with a biographical sketch, press notices and poems to the memory of A. Navarro Viola.
    After his death (Aug. 3, 1885) the *Anuario* was continued by his brother, Enrique Navarro Viola.

———— *Año VII–1885.* Buenos Aires, Impr. de M. Biedma, 1886. 486, XLVI, [1] p.

Pt. 2 is a continuation of the "In Memoriam" begun in the preceding volume. The two parts were published separately in 1885.

———— *Año VIII–1886.* Buenos Aires, Impr. de M. Biedma, 1887. 356, 97, XVI, [1] p.

Pt. 2, " Diarios y periódicos . . . "; Pt. 3, " A. N. V. In Memoriam."
This volume is the work of a group of friends who continued the publication in homage to the memory of its founder.

———— *Año IX–1887.* Buenos Aires. Impr. de M. Biedma. 1888. 440, 97, [1] p.

Pt. 2, " Diarios y periódicos . . .".

21. Argerich, Juan Antonio. *Rafael Obligado.* [Buenos Aires] Martín Biedma, editor, 1885. 49 p.

Also published in *Artículos y discursos.*
In this study the author argues for national themes in Argentine literature and rapidly analyses the principal works of Obligado, dealing especially with *Santos Vega* which he considers superior.

22. ———— Ricardo Gutiérrez. *Bibl.,* III, 5-22.

Also published in *Artículos y discursos.*

———— *Impresiones.* Buenos Aires. Lib. de Félix Lajouane, editor. 1897. 20 p.

———— Introd. to R. Gutiérrez, *Poemas. La fibra salvaje. Lázaro. Precedidos de un estudio* . . . [Buenos Aires, " La Cultura Argentina," 1915.]

A study of the two poems mentioned and a discussion of the general characteristics of Gutiérrez' poetry.

23. ———— *Literatura argentina (Un prólogo).* Buenos Aires, Impr. de la Nación, 1890. 45 p.

Written for an introduction to the Argentine section of Lagomaggiore's *América literaria.*
Also published in *Artículos y discursos.*

24. ———— *Artículos y discursos.* Buenos Aires, Impr. y casa editora de Coni hermanos, 1906. 321 p.

" Mitre," p. 9-13.
" Ricardo Gutiérrez," p. 123-44. See above.
" Sobre el mismo (para acompañar á su retrato)," p. 145-7. The personality of the poet.
" Literatura argentina," p. 165-89. See above.
" Rafael Obligado," p. 191-212. In substance the same as the pamphlet published in 1885.
" Alma nativa," p. 213-19. A letter to M. Leguizamón stating his general impressions of this book.
" Sobre Avellaneda," p. 303-11. A biography of President Avellaneda.
" Sarmiento," p. 313-20. A letter to Paul Groussac commenting on his statement that Sarmiento was " el gran montero de la batalla intelectual."

25. ——— *Artículos y discursos. Segunda serie.* Buenos Aires, Impr. y casa editora de Coni hermanos, 1906. 350 p.

"*Alma de niña*," pp. 281-9. A synopsis of this novel by Manuel T. Podestá. Certain grammatical mistakes are noted, the best chapters indicated, and its qualities discussed.

26. Avellaneda, Nicolás. Don Pablo Groussac. *Ensayo histórico sobre el Tucumán. Nueva Rev. de B. A.*, IV, 316-46.

Also published in *Obras completas*, I, and *Estudios literarios*.

——— *Estudio sobre el ensayo histórico* . . . Buenos Aires, Impr. y Lib. de Mayo, 1882. 33 p.

Brief notes on the activities of Groussac in Argentina followed by comments on certain passages of the *Ensayo* . . .
"El Dr. Avellaneda sigue el desarrollo del libro de Groussac, á quien tributa grandes aplausos y elogios de crítico y amigo, y apoya todos sus asertos y opiniones, menos en un solo punto,—sobre el Congreso de Tucumán." *Anuario bibliog.*, IV, 374.

27. ——— El Dr. Vélez Sarsfield. Reminiscencias. *Bibl.*, VI, 173-89.

Also published in *Obras completas*, III, and *Escritos literarios*.

28. ——— Mariano Moreno y San Martín. *Bibl.*, VII, 5-31.
29. ——— *Obras completas.* Buenos Aires, Compañia sud-americana de billetes de banco, 1910. 12 v.

Tomo I. Escritos y discursos. Crítica literaria é histórica. XLVII, 309, [1] p.

The biographical introduction is by Juan R. Garro. See Garro, *Páginas dispersas*, p. 173-209.
"Domingo F. Sarmiento. Carta al Doctor Vallejo," pp. 9-19. In praise of the sane and advanced ideas of Sarmiento. Pub. in *Atl.*, I, 33-42.
"El Doctor Facundo Zuverría," p. 21-26. Characterization and praise of his book, *El principio religioso, como elemento político, social y doméstico.*
"Juan Chassaing," p. 27-32. Characterization and recollections of him as an orator.
"*Prometeo*," p. 89-90. A letter to Olegario Andrade praising this poem.
"*El Gran Chaco*, libro de Luis J. Fontana," p. 107-26. General considerations of the book and its author, mentioning other accounts of explorations of the Chaco and the importance of these studies.
"Don Pablo Groussac, *Ensayo histórico sobre el Tucumán*," p. 127-60. See above.
"Una respuesta al señor Sarmiento," p. 161-73. A reply to Sarmiento's attempt to refute the above study.
"Poesías de [Enrique] Rivarola," p. 175-87. Brief remarks on the character of Rivarola's youthful poems and consideration of the poetic qualities of Echeverría.
"Sarmiento escritor," p. 189-90. Brief note on the appearance of *Conflictos y armonías.*
"El padre Mamerto Esquiú," p. 191-214. Scattered notes on his education, life, oratory and virtues.

Tomo III. Escritos y discursos . . . 313 p.

"Tres poetas argentinos [Echeverría, Gutiérrez and Andrade]," p. 79-81. A brief statement of the most prominent characteristics of each poet.
"El Dr. Vélez Sarsfield," p. 252-69.

30. ———— *Escritos literarios. Con una introducción de Álvaro Melián Lafinur.* Buenos Aires, " La Cultura Argentina," 1915. 266, [1] p.

Preceded by a one-page biography of Avellaneda. See A. Melián Lafinur for Introduction (p. 7-31).
" Dalmacio Vélez Sarsfield, Reminiscencias," p. 59-77.
" Mamerto Esquiú," p. 91-115.
" Juan Chassaing," p. 123-8.
" *Estudio sobre el Gran Chaco* de Luis J. Fontana," p. 133-52.
" Estudio sobre la *Memoria histórica y descriptiva de la provincia de Tucumán* de Paul Groussac," p. 153-87.
" Gutiérrez y los *Anales de la Universidad,*" p. 257-66. Remarks on the first and only volume of this series projected by Gutiérrez, followed by an account of his connection with the University.

31. *Avellaneda, Nicolás. In Memoriam.* Buenos Aires, Impr. de M. Biedma, 1886. 218 p.

An account of the funeral—speeches, press notices, telegrams, etc., in which are to be found a few biographical details.

32. *Avellaneda, Nicolás. XX aniversario de su muerte. Homenaje á su memoria del Círculo Nicolás Avellaneda. Segunda edición.* Buenos Aires, 1906. 340 p. port.

Recollections of the man, studies of different phases or periods of his life, and simple eulogies by many men of literary and historical importance. The collection contains a considerable amount of biographical material.

33. Balcarce, Florencio. *Poesías de . . . con noticias sobre el autor por los señores D. Florencio Varela, D. Ventura de la Vega, D. J. M. Torres Caicedo. Edición hecha bajo la dirección de Juan María Gutiérrez.* Buenos Aires, Carlos Casavalle (editor), Impr. y lib. de Mayo, 1869. 132 p.

" Noticias sobre la persona de D. Florencio Balcarce," p. 5-13. An unsigned article giving a few biographical details and some account of the works of Balcarce.
" Juicio . . . publicado en el número 8, pág. 168 del *Iniciador* de Montevideo," p. 97-100.
" Opinión del Sr. Ventura de la Vega," p. 101-3.
" Juicio crítico del Sr. Torres Caicedo [Colombian], publicado por primera vez en la parte ilustrada del *Correo de Ultramar* y reproducido en los *Ensayos biográficos y de crítica literaria sobre los principales poetas y literatos hispanoamericanos,*" p. 104-7.
" Necrología," p. 108-14.
" Florencio G. Balcarce," by J. Thompson, p. 115-17.
" Carta de J. M. Gutiérrez " to Manuel José Guerrico and the reply, p. 128-36.

34. Barreda, Ernesto Mario. *Nuestro parnaso, colección de poesías argentinas.* Buenos Aires, Juan L. Dasso y cía, editores. [1914]. 4 v. 256 p.—262 p.—244 p.—275 p.

Preface to v. I contains a brief sketch of Argentine literature. The selections are preceded by hasty biographies.

V. I. Juan Baltazar Maziel, Manuel José de Labardén, Pantaleón Rivarola, Fray Cayetano Rodríguez, Vicente López y Planes, Domingo de Azcuénaga, Esteban de Luca y Patrón, José Augustín Molina, Juan de la Cruz Varela, Florencio Balcarce, Ventura de la Vega, Juan Crisóstomo Lafinur, Juan María Gutiérrez, Florencio Varela, Luis L. Domínguez, Juan Gualberto Godoy, Claudio Mamerto Cuenca, José Mármol, Esteban Echeverría.

V. II. Carlos Guido Spano, Hilario Ascasubi, José Rivera Indarte, Bartolomé Mitre, Juan Chassaing, Ricardo Gutiérrez, Estanislao del Campo, José Hernández, Carlos Encina, Gervasio Méndez, Martín Coronado, Calixto Oyuela, Rafael Obligado, and Olegario Víctor Andrade.

V. III. " Almafuerte," Leopoldo Díaz, Martín García Mérou, Joaquín Castellanos, Domingo Martinto, Moisés Numa Castellanos, Diego Fernández Espiro, Belisario Roldán, Guillermo Stock, Manuel Ugarte, Alberto Ghiraldo, Angel de Estrada, Pedro J. Naón, Carlos Ortiz, Francisco Aníbal Riú, Eugenio Díaz Romero, José María Quevedo, Oscar Tiberio and Leopoldo Lugones.

V. IV deals with the younger poets, including some outside of Argentina. The Argentines are Mario Bravo, Ricardo Rojas, Federico A. Gutiérrez, Manuel Gálvez, Evar Méndez, Juan Aymerich, José de Maturana, Tomás Allende Iragorri, Carlos Alberto Leumann, Doelia Míguez, Alfredo Arteaga, Gustavo Caraballo, Delfina Mitre y Vedia de Bastianini, Rafael Alberto Arrieta, L. González Calderón, Luis María Jordán, Domingo Robatto, Arturo Capdevila, Luis Fernández de la Puente, Enrique Banchs, Ernesto Mario Barreda and Evaristo Carriego.

35. ———— *El pájaro sin alas*, novela de Alberto Tena. *Nosotros*, XXIV, 233-7.

36. ———— Algo sobre un libro de crítica [Giusti, *Crítica y polémica*.]. *Ibid*. XXVIII, 508-16.

37. Barrenechea, Mariano Antonio. Prologue to Carlos Ortiz, *Rosas del crepúsculo*. [Buenos Aires, "La Cultura Argentina," 1919. 7-13, 31., 17-211, [2] p.]

38. Barros, Nicolás. Teatro nacional. *El dolor del rosal*, por Alejandro Marcó; *La última noche*, por Héctor C. Quesada y Nemesio Trejó; *Un loco*, por David Peña. *Nosotros*, VI, 62-6.

39. ———— *Los mirasoles*, por Julio Sánchez Gardel. *Ibid*. VI, 157-8.

40. ———— *Los invisibles*, por Gregorio Laferrère. *Ibid*. VI, 233-5.

41. ———— *La cruz*, por Alberto Ghiraldo; *El festín de los lobos*, de Roberto Cayol. *Ibid*. VII, 221-4.

42. ———— *El malón blanco*, de Vicente Martínez Cuitiño. *Ibid*. VII, 324-6.

43. Basualdo, Benjamín. *Olegario V. Andrade*. Buenos Aires—La Plata, Impr. y enc. de Jacobo Peuser, 1887. XCI p.

Impressions of his poetry, with selections. Includes a few biographical notes.

44. Baty, Tomás. *El crimen de la guerra*, por J. B. Alberdi. *Atl*., IX, 7-16.

45. Baudón, Héctor Roberto. Síntesis de la poesía nacional durante la independencia. *Rev. de D. H. y L.*, XLVI, 200-47; XLVII, 341-71.

Contents: I. Del electicismo al romanticismo. II. Don Esteban de Echeverría. El poeta y su obra. III. Don José Mármol. *El peregrino*, sus poesías sueltas, sus dramas. IV. *Amalia*.

46. ———— *Echeverría—Mármol*. Buenos Aires, Lib. la Facultad de Juan Roldán, 1918. 129 p.

The same as the article published in the *Revista de Derecho*. He explains the lack of literature in Colonial times, deals briefly with two currents of literary ideals that permeated the literature of Argentina during the nineteenth century, and notes the first manifestations of a real national literature. The poetic qualities of Echeverría are discussed and his poetic works examined in detail. A brief biography of José Mármol follows and an analysis of his poetry.

47. Bayón, Francisco F. Estudios de literatura argentina. *Rev. Nacl.*, XXXVII, 113-18, 201-7, 294-300; XXXVIII, 31-43, 102-13, 217-26, 300-15; XXXIX, 158-66, 243-9; XL, 23-30, 109-18, 158-68; XLI, 126-33, 177-92; XLII, 326-35; XLIII, 60-70; XLIV, 10-19.

After a study of Colonial literature in which the author deals especially with Juan Baltazar Maziel, he passes on in vol. XXXIX to the subject " Bardos de la Pampa [Bartolomé Hidalgo, Hilario Ascasubi, and Estanislao del Campo]." In vol. XLI he returns to the Colonial period in his treatment of Manuel J. de Labardén, and closes with a discussion of Antonio de León Pinelo.

48. Berisso, Luis. Prosadores y poetas americanos. Esteban Echeverría. *Rev. (3) Arg.*, I, 538-46.
49. ——— Carlos Guido y Spano. *Nosotros*, XXX, 319-21.
50. Bianchi, Alfredo A. Teatro nacional. *El buen dolor*, por Félix Alberto de Zabalía; *La eterna ciega*, por Otto Miguel Cione [Urug.]. *Nosotros*, I, 134-6.
51. ——— *Las dos fuerzas*, por Julio Sánchez Gardel; *Juan Facundo Quiroga*, por Alejandro Gancedo (hijo). *Ibid.* I, 204-6.
52. ——— *En el cepo*, por Félix Alberto de Zabalía. *Ibid.* I, 268-9.
53. ——— Teatro nacional. *Ibid.* XXII, 317-23.
54. ——— Nuestro teatro en el año 1916. *Ibid.* XXV, 125-7.
55. ——— Juan Pablo Echagüe y el teatro nacional. *Ibid.* XXV, 406-10.
56. ——— Teatro nacional. *El complot del silencio*, por César Iglesias Paz; *Con las alas rotas*, por Emilio Berisso; *La humilde quimera*, por V. Martínez Cuitiño. *Ibid.* XXVI, 340-9.
57. ——— La crítica uruguaya y el teatro argentino. *Ibid.* XXVII, 551-3.
58. ——— Martín Coronado. *Ibid.* XXXI, 261-4.
59. ——— Teatro nacional. Buenos Aires, Impr. Cuneo, 1920. 191 p. 8 ports.

Twenty-three articles, many of them bearing no titles and general in nature, originally published in *Nosotros, La Claridad* and *La Palabra* during the period 1908-1920. Those with titles are: " *Derechos de la salud* por Florencio Sánchez," p. 7-12; " Nuestro teatro en el año 1916," p. 42-6; " Juan Pablo Echagüe y el teatro argentino," p. 47-53; " Los últimos estrenos " [C. Iglesias Paz, *El Señuelo*; B. Roldán, *El señor corregidor*; D. Peña, *Liniers*; Miguel Nebel, *Camino de la gloria*; Richard Hicken, *El tío soltero*; Juan Valliera and A. Lázaro, *Río revuelto*], p. 54-68; " El teatro argentino en el año 1917," p. 107-12; " La crítica uruguaya y el teatro argentino," p. 113-16; " Martín Coronado," p. 141-5; " *El hombre que pudo matar* por Folco Testena," p. 162-9; " *La santa madre* por José González Castillo y Vicente Martínez Cuitiño," p. 170-4; " *Una obra [El Dr. Kohn]* de Max Nordau," p. 175-8; and " *Anita Balbi* por Folco Testena," p. 179-83.

60. Bidau, Eduardo L. El Dr. Antonio E. Malver. *Bibl.*, III, 344-61.

61. Biedma, José Juan de. Doctor José Manuel Estrada. *Rev. Nacl.,* XLIII, 90-6.
62. ———— Ángel Justiano Carranza. *Rev. de D. H. y L.,* IV, 284-90.
63. ————Notes to the *Cancionero popular.* See *Cancionero* ...
64. Biedma, José Juan and Pillado, José Antonio. *Diccionario biográfico argentino.* (Con ilustraciones). Tomo I. ·Buenos Aires, Impr. de Martín Biedma é hijo, 1897. 256 p.

   Unfinished. Francisco Álvarez is the last entry.

65. Bilbao, Manuel [Chilean]. Apuntes biográficos del Dr. Juan Bautista Alberdi. See Arturo Reynal O'Connor and Manuel Bilbao, Apuntes ...
66. Bonastre, Pedro E. *Almafuerte. I. Necesidad de una crítica amplia. II. Semblanza. III. El maestro de escuela. IV. Otros cargos públicos. V. Autosugestionismo. VI. Estilo epistolar. VII. Disposiciones artísticas. VIII. Preparación del artista. IX. Tecnicismo de sus versos. X. Carácter de su poesía. XI. Producción intermitente. XII. La mujer de Almafuerte. XIII. La gota de veneno. XIV. Escuela artística. XV. Al través de la gramática y la lexicología. XVI. La palabra definitiva.* Buenos Aires, 1920. 128 p.

   " Trabajo presentado ... á la Facultad de Filosofía y Letras de Buenos Aires, con motivo de haberse concursado los cargos de profesores suplentes de literatura castellana é historia de la literatura argentina."

67. Bosch, Mariano G. *Teatro antiguo de Buenos Aires. Piezas del siglo XVIII. Su influencia en la educación popular.* Buenos Aires, Impr. El Comercio, 1904. 219, II p.

   Contents: I. El teatro de Buenos Aires fué hasta 1804 el teatro español. II. Protestas que suscitó el mal teatro español dentro de la misma España. III. El error de las piezas españolas. IV and V. Examen de las piezas. Los sainetes. VI. Las loas y los entremeses. VII. Sainete género criollo. VIII. Las comedias de magia y transformaciones. IX. Comedias con muertos y aparecidos. X. Comedias morales y cristianas. XI. Los melodramas. Lo que eran estas piezas. XII. Degeneración de los melodramas. Obras que se les asemejan. XIII. Ignorancia y ferocidades del teatro y de fuera de él. XIV. Por qué influyó este teatro malo de España en la educación popular de sus colonias, y en sus descendientes. XV. Las primeras protestas argentinas contra el mal teatro. XVI. Conclusiones.
   The plays which the author examines, usually citing long passages, are :— *El albañil ofendido; El casamiento desigual,* plagiary of Molière; *Las superfluidades,* by R. de la Cruz; *El valiente y la fantasma; El anillo de Giges y Májico rey de Lidia, primera parte; Marta la Romarantina; A un tiempo esclavo y señor; Májico africano; La virtud consiste en medio, El pródigo y rico avariento; Los bandos de Ravena y fundación de la Comándula; La bandolera de Italia y enemiga de los hombres; Andromaca, Hércules y Deyanira* and *Los amantes de Teruel* by Luciano Francisco Comella.
   " *El teatro antiguo de Buenos Aires* representa, á mi ver, una excelente labor de investigación documentaria. Con criterio de compilador concienzudo, el señor Bosch ha revuelto archivos y clasificado papelotes que podrían servir para una historia teatral. Sus anotaciones sobre las piezas exhumadas son sagaces, eruditas, ilustrativas. Hubiera yo preferido ver todo ese material utilizado en un trabajo de crítica histórica, antes que en ese ensayo marrado de psicología retrospectiva. De todas maneras, el señor Bosch ha hecho una obra seria, honrada y útil." Echagüe, *Puntos de vista,* p. 57-8.

68. ——— *Historia del teatro en Buenos Aires.* Buenos Aires. Est. tip. El Comercio. 1910. 518 p.

A history of the Argentine theater from 1747 to the beginning of the twentieth century with an account of the different theaters, plays, dramatic companies, actors, the opera, circuses, etc., including in the appendix (p. 479-512) some of the early works mentioned in the text.

69. Bunge, Augusto. *Polémicas. Prólogo de Roberto F. Giusti.* Buenos Aires, Cooperativa editorial limitada, 1918. 274 p.

" *El culto de la vida,*" p. 161-72. A letter from L. Lugones answering certain statements made about him in this book. Published in *La Nación,* Nov. 21, 1915. " El socialismo y los individualistas," p. 173-82. Bunge's reply to the above letter.

70. Bunge, Carlos Octavio. La poesía popular argentina. I. La literatura gauchesca. II. La leyenda de Santos Vega. III. Anastasio el Pollo. IV. El gaucho malo. V. Martín Fierro. *Mon. de la Educ. Común,* XXX, 519-55.
71. ——— *Recuerdos de la infancia,* por Sarmiento. *Ibid.* XXXI, 5-30.
72. ——— El derecho en la literatura gauchesca. *Anal. de la Acad. de F. y L.,* II, 3-32.
73. ——— Discurso de observación . . . See Ángel de Estrada.
74. ——— Vicente G. Quesada. Breve estudio biográfico y crítico. *Anal. de la Acad. de F. y L.,* II, 171-96.

Also published as introd. to Vicente G. Quesada, *Historia colonial argentina. Con un estudio* . . . [Buenos Aires, " La Cultura Argentina," 1915. 9-30, [31]-310 p.]. T. p. preceded by a one-page biography of V. G. Quesada.

75. ——— Sarmiento el escritor. *Nosotros,* XXIX, 330-42.
76. Cabrera, Pablo. Don Cosme del Campo, primer historiador del Tucumán. *Rev. de la Univ. de Córdoba,* I, 33-40.
77. ——— Mateo Rosas de Oquendo. El poeta más antiguo del Tucumán. *Ibid.* IV, No. 1, 90-97.
78. ——— Don Bernado Monteagudo fué argentino. *Ibid.* IV, No. 3, 146-53.
79. Calandrelli, Matías. *Odas de Horacio. Traducción literal y en verso de B. Mitre (Juicio escrito expresamente para El País).* Buenos Aires, Impr. del Congreso, 1895. IV, 56 p.

Notes and comments on Mitre's translation of Ode 2, Book V.

80. ——— Literatura argentina. *Islas de oro, La leyenda blanca, Belphegor,* de Leopoldo Díaz. *Rev. de D. H. y L.,* I, 338-48.

Also published in *Crítica y arte.*

81. ——— *Belkiss* por Eugenio del Castro (Traducción del portugués, por Luis Berisso). *Ibid.* II, 392-402.
82. ——— *El Ave Merops* de Leopoldo Díaz. *Ibid.* II, 575-83.

Also published in *Crítica y arte.*

83. ——— Las traducciones de Horacio. *Ibid.* VI, 62-79.

84. ——— Crítica literaria. Los tres fenómenos: [Joaquín] González, [Cyro de] Acevedo, y [Daniel] Muñoz y sus exquisitas elucubraciones que rematan en un sabroso sainete. *Ibid.* XVIII, 48-71.
85. ——— *Crítica y arte.* Buenos Aires, Tip. de Ferrari y cía, 1910. V, 158, [1] p.

> Articles published in the *Revista de Derecho* . . .
> "*Islas de oro, La leyenda blanca, Belphegor* de Leopoldo Díaz," p. 1-15.
> "*El Ave Merops* de Leopoldo Díaz," p. 57-68.
> "El nuevo arte. La nueva literatura," p. 118-28.
> "Ciencias, letras y decadencia," p. 139-48.
> The last articles are severe critical analyses of examples of a "Delirio decadente" which the author says attacked Argentine literature.

86. Camaña, Raquel. Crítica literaria [I. *La psicología genética* por J. Ingenieros. II. Carlos Reyles (Urug.) *La muerte del cisne.*] *Rev. de D. H. y L.*, XXXIX, 508-13.
87. ——— *Flor de durazno*, por Hugo Wast. *Ibid.* XL, 58-64.
88. Cancela, Arturo. Teatro nacional. *Los amores de la Virreina*, por Enrique García Velloso. *Nosotros*, XIII, 328-32.
89. ——— ——— *Siripo*, por Luis Bayón Herrera; *La comedia del amor*, por Federico Mertens; *La leyenda del Kacuy*, por Carlos Schaefer Gallo. *Ibid.* XIV, 105-10.
90. ——— *El dolor del bárbaro*, por C. Schaefer Gallo. *Ibid.* XIV, 214-15.
91. ——— *La dama de coeur; La conquista*, por C. Iglesias Paz. *Ibid.* XIV, 326-8.
92. ——— El teatro nacional en 1914. *Ibid.* XVII, 102-7.
93. *Cancionero popular de la Revista de Derecho, Historia y Letras.* Compilado y reimpreso por Estanislao S. Zeballos. Director de la Revista. Buenos Aires, Impr. lit. y enc. de Jacobo Peuser, 1905. 416 p.

> The *Cancionero* was published in Vols. I to XVII of the *Revista de Derecho* with valuable notes by Juan María Gutiérrez, Juana Manso de Noronha, J. J. Biedma, A. J. Carranza, Bartolomé Mitre, Estanislao S. Zeballos, and "La dirección de la Revista."

94. Candelón, Alejandro. Sarmiento. Última página inédita de su biografía. *Rev. de D. H. y L.*, XXXIX, 44-76.
95. Cané, Miguel. *La novia del hereje ó la Inquisición de Lima*, por D. Vicente F. López. Juicio crítico. *Rev. de B. A.*, II, 624-32.
96. ——— *Ensayos.* Buenos Aires, Impr. de la Tribuna, 1877. 264, [1] p.

> "*Facundo ó civilización y barbarie en las pampas argentinas*, por Domingo F. Sarmiento," p. 161-71. A discussion of French romanticism in Argentina and brief notes on the literary qualities of the *Facundo.*
> "*Dos partidos en lucha (Fantasía científica)*, por Eduardo L. Holmberg," p. 173-9. Scattered remarks on the merits of this pamphlet.
> "Ricardo Gutiérrez," p. 197-218. In this article the author evokes traits of Gutiérrez' character from personal recollections.

Ensayos. Con una introducción de Norberto Piñero. Buenos Aires, "La Cultura Argentina," 1919. 208, [1] p.

> The introd. (p. 7-13) is a "Discurso pronunciado en la Facultad de Filosofía y Letras, en homenaje á la memoria de Miguel Cané, ex-decano del mismo." It deals with Cané's activities in the University and gives some appreciation of his literary productions.

97. ———— *Charlas literarias.* Sceaux, Impr. de Charaire é hijo, 1885. 329, [1] p.

> "Pro poeta. Gervasio Méndez," p. 37-52. Written on the occasion of a literary *fiesta* held for G. Méndez at the time of his illness. It consists of a rambling discussion of poets who have suffered and a brief notice of some of the literary productions presented at this gathering.
> "Un nuevo libro del Dr. Gutiérrez," p. 139-52. Scattered observations on the *Estudio sobre . . . D. Juan de la Cruz Varela.*
> "*Prometeo* por Olegario Andrade," p. 163-72. Impressions of this poem.
> "*El fraile,* poesía de Ricardo Gutiérrez," p. 173-85. Unfavorable criticism of *El misionero.*
> "Carlos Encina. Recuerdos íntimos," p. 207-20.

Charlas . . . Con una introducción de Nicolás Coronado. Buenos Aires, "La Cultura Argentina," 1917. 290, [1] p. T. p. preceded by one-page biography by Cané.

> In the introduction (p. 7-17) Coronado sketches the literary personality of Cané, gives a list of his works, and concludes with praise of *Juvenilia* which he considers his best work.

98. ———— P. Bustamante, *Peregrina,* novela. *Rev. de D. H. y L.,* XXII, 489-90.

99. ———— *Juvenilia. Prosa ligera. Textos completos, con un prólogo de Horacio Ramos Mejía.* Buenos Aires, "La Cultura Argentina," 1916. 370 p.

> "Sarmiento en París," p. 313-43.

100. ———— *Discursos y conferencias. Volumen póstumo ordenado por el autor, precedido por una impresión de Roberto J. Payró.* Buenos Aires, "La Cultura Argentina," 1919. 173 p.

> The "impresión" (p. 7-15) is a sketch of Cané's public life. It was first published in *La Nación,* Sept. 6, 1905.
> "Sarmiento," p. 83-101. A speech delivered at the unveiling of a statue to Sarmiento, May 25, 1900. It deals principally with his educational activities.

101. Cantarell Dart, José. Introd. to B. Mitre, *Rimas* . . . [Buenos Aires, "La Cultura Argentina," 1916. LVIII, 375 p.]

> The introd. (p. VII-XV) is merely eulogy of a flowery nature.

102. Capello, Francisco. Dos cantos do Oyuela [*Estrofas* and *Oda á España*]. *Nosotros,* V, 43-51.

103. Caprile y Zas, F. *Almafuerte,* por Juan Mas y Pi. *Rev. de D. H. y L.,* XXIX, 307-11.

104. Caraffa, Pedro I. Apuntes biográficos del clero argentino. Pub. in

El clero argentino de 1810 á 1830 [Buenos Aires, Impr. de M. A. Rosas, 1907], v. II, 301-16.

The two volumes contain sermons compiled by Adolfo P. Carranza. The "apuntes" consist of brief biographies of twenty-three men.

105. Carbia, Rómulo D. El Senor Groussac, historiógrafo. A propósito de crítica moderna. *Nosotros*, XVI, 240-49.
106. El *Derecho público eclesiástico* de Dalmacio Vélez Sarsfield. *Ibid.* XXXIII, 98-105.
107. Cárcano, Ramón J. *Perfiles contemporáneos. Tomo primero.* Córdoba, Impr. de El Interior, 1885. 446, [1] p.

"F. Mamerto Esquiú, Obisbo de Córdoba," p. 11-47. An article which appeared in *El Interior* the day after the death of Esquiú. An account of his life and some observations on his sermons and writings.
"Rafael García. Catedrático de derecho civil," p. 49-60. A few biographical details and an appreciation of his oratory.

108. Carranza, Adolfo P. Opiniones del señor Groussac sobre el Tucumán. *Nueva Rev. de B. A.*, VI, 651-61.
109. ———— Dr. Bernardo de Monteagudo. Su nacionalidad. *Rev. Nacl.*, XLIII, 39-44.
110. Carranza, Adolfo S. ¿Alberdi fué traidor? *Rev. de Fil.*, XI, 264-87.
111. ———— *El gran americano Juan Bautista Alberdi, con una carta-prólogo del doctor David Peña.* Tucumán.

Cited in *La Prensa*, New York, Feb. 28, 1921.

112. Carranza, Angel Justiano. *Rasgos biográficos del señor Doctor D. Pedro José Agrelo. Corregidos por el Doctor D. Angel J. Carranza, y publicados bajo su dirección en el número 18 del periódico—La Revista de Buenos Aires—en 1864.* Buenos Aires, Impr. del Porvenir, 1864. 26 p.

"Persuadidos pues, de la impossibilidad de formar su perfecta biografía, nos resolvimos por entonces á trazarla tan lijeramente, como lo hacemos al presente, basados en simples recuerdos de familia, ó en los pocos datos y documentos incompletos que aun conservamos." *Rasgos . . .* p. 6.

113. ———— Notes to the *Cancionero popular*. See *Cancionero . . .*
114. Carranza, Rodolfo W. La época de Rosas. La política argentina, por Ernesto Quesada. *Rev. Nacl.*, XXVI, 378-83.
115. ———— Colaboradores de la *Revista Nacional*. Carlos Bafres; Adolfo P. Carranza. *Ibid.* XXVII, 55-59.
116. ———— Colaboradores . . . Miguel A. Lancelotti; Benigno T. Martínez. *Ibid.* XXVII, 263-7.
117. ———— Colaboradores . . . Emilio Matienzo; Damián Menéndez. *Ibid.* XXVII, 354-7.
118. ———— Colaboradores . . . Pedro J. Naón; Fray Pacífico Otero; José Antonio Pillado. *Ibid.* XXVII, 420-7.
119. ———— Colaboradores . . . Marcelino Reyes. *Ibid.* XXVIII, 208-11.
120. ———— Colaboradores . . . José Arturo Scotto; Manuel Solá. *Ibid.* XXVIII, 403-6.

121. ———— Vicente Fidel López. *Ibid.* XXXVI, 115-20.
122. Carrasco, Gabriel. *El himno nacional argentino. Estudio histórico y literario escrito para los alumnos de las escuelas de la República.* Buenos Aires, Impr. lit. y enc. de Jacobo Peuser, 1894. 126, [1] p.

> Contents: El himno argentino (Como se escribió), by Lucio V. López. I. Vicente López y Planes. Datos biográficos. II. Origen del himno nacional. III. Estudio histórico y literario. IV. Rasgos característicos . . . V. La música del . . . VI. Influencia del himno nacional en la literatura americana. VII. El himno nacional, considerado en su parte métrica. VIII. Verdadera ortografía del . . . IX. ¿Debe variarse ó reformarse . . . ? X. El himno nacional. Edición expurgada.

123. Carricarti, Arturo R. de. [Cuban]. De crítica. Alrededor de *Alma nativa*, por Martiniano Leguizamón. *Nosotros*, III, 247-51.

Casabal, Apolinario C. See *Diccionario biográfico* . . .

124. Castellanos, Joaquín. *Ojeadas literarias.* Emilio de Mársico, editor, Buenos Aires, 1886. VIII, 94 p.

> "Los juicios emitidos . . . se refieren á los siguientes escritores: Alberto Navarro Viola, Leopoldo Díaz, Julio Llanos, Calisto Oyuela, Enrique Rivarola, Martín García Mérou, Antonio Argerich, David Peña y Rafael Obligado. Algunos de los artículos pecan por muy cortos cuando el tema por su valor merecía estudio más detenido;—y en otros se advirtiere demasiado que la amistad que liga al señor Castellanos con algunos de los jóvenes cuyos productos literarios aprecia le impide la debida imparcialidad y le hace ser más bondadoso de lo que debiera con ciertos escritos poco estimables." *Anuario bibliog.*, VIII, p. 229.

125. ———— *Labor dispersa.* Lausanne, Impr. Payrot y cía, 1909. 544 p.

> "Alberdi. Con motivo de la repatriación de sus restos," p. 33-9. Largely eulogy.
> "*Pasiones*, por el Doctor Lucas Ayarragaray," p. 50-6. Comparison with *Mis montañas* of J. V. González, which appeared at about the same time, followed by a summary of the contents.
> "La política en la historia y la historia en la política. Observaciones al libro *La anarquía argentina y el caudillismo* del Dr. L. Ayarragaray," p. 76-104.
> "El gaucho en la vida y en el arte," p. 105-14.

126. Castro López, M. Errores en [Pedro de] Angelis. *Rev. de H. y L.*, LIV, 632-6.
127. Catalán, Emilio and Lizondo Borda, Manuel. *Alberdi 1810. 29 de agosto 1910. Con prólogo del Doctor David Peña, Profesor de la Universidad de Buenos Aires.* Buenos Aires, Impr. de Coni hermanos, 1910. 159, [1] p. Port. of Alberdi and facsimile of letter from him to Sarmiento.

> "Rasgos biográficos," p. 29-56.
> "Rasgos psicológicos," p. 57-87.
> "Su obra," p. 88-111. General considerations and opinions of various writers.
> "Alberdi ante la posteridad. Análisis del *Momento histórico*," p. 112-30.
> "Hojas sueltas," p. 131-40. Quotations from his works with comments.
> "Postmortem," p. 141-53. Honors shown him after his death.
> "Bibliografía," p. 154-9.

128. Colmo, Alfredo. Un antecedente del *Siripo* de Labardén. *Nosotros*, XXIV, 306-15.

129. Coronado, Nicolás. *El poema de Nenúfar*, por Arturo Capdevila. *Nosotros*, XIX, 86-8.
130. ———— *Obras poéticas* de Olegario V. Andrade. Prólogo de Evar Méndez; *La canción olvidada*, por Arturo Marasso Rocca. *Ibid.* XIX, 319-24.
131. ———— *Las iniciales del Misal*, por B. Fernández Moreno. *Ibid.* XIX, 325-7.
132. ———— Letras argentinas. Poesía. *Versos*, por Pablo della Costa (hijo); *Al margen de las horas*, por Ricardo del Campo. *Ibid.* XX, 312-17.
133. ————Letras ... *Melpómene y Ninfea*, por Arturo Capdevila; Traducción de Folco Testena; *Las angustias*, por Rafael de Diego; *Los poemas de Kabir.* Traducción de Carlos Muzzio Sáenz Peña. *Ibid.* XXI, 401-6.
134. ————Letras ... *De la ciudad y del campo*, por Pedro González Gastellú. Prólogo de Roberto F. Giusti; *Con las alas rotas*, por Valentín de Pedro; *El poema de las manos*, por Lola S. B. de Bourguet; *Trovas de amor y de pena*, por Cipriano Pons Lezica. *Ibid.* XXIII, 326-30.
135. ————Letras ... *Un camino en la selva*, por Ernesto Mario Barreda; *Aire de fuego*, por Eduardo Talero. *Ibid.* XXIV, 381-4.
136. ————Letras ... *Intermedio provinciano*, por B. Fernández Moreno. *Ibid.* XXIV, 385-8.
137. ———— *Vida abscondita*, por Fernán Félix de Amador. *Ibid.* XXIV, 389-90.
138. ———— *La personalidad literaria de Miguel Cané. Ibid.* XXV, 224-32. See Cané, *Charlas literarias.*
139. ————Letras argentinas. *Las noches de oro*, por Rafael Alberto Arrieta; *El libro de la noche*, por Arturo Capdevila; *Las visiones del silencio*, por Gustavo Caraballo. *Ibid.* XXVIII, 400-8.
140. ————Letras ... *Canciones y poemas*, por Mario Bravo. *Ibid.* XXIX, 94-8.
141. ————Letras ... *Cantos agrestes*, por Juan Carlos Dávalos. *Ibid.* XXIX, 99-101.
142. ————Letras ... *El santo, el filósofo y el artista*, por José León Pagano; *Por el amor y por ella*, por Fernández Moreno; *Oro y piedra*, por Ezequiel Martínez Estrada; *El conventillo*, por Luis Pascarella; *Humanamente*, por Juan Pedro Calou. *Ibid.* XXX, 115-25.
143. ———— *Raquela*, novela de Benito Lynch. *Ibid.* XXX, 456-8.
144. ————Letras argentinas. *La canción del insomnio*, por Francisco A. Sicardi; *Don Baltazar de Arandia*, por Carlos Correa Luna. *Ibid.* XXXI, 113-5.
145. ———— *De Caseros al 11 de Septiembre*, por Ramón J. Cárcano. *Ibid.* XXXI, 265-7.
146. ————Letras argentinas. *Julián Vargas*, por Saúl Taborda; *Irremediablemente*, por Alfonsina Storni. *Ibid.* XXXII, 89-93.

147. ——— *Glosario de la farsa urbana*, por Roberto Gache; *Sandro Botticelli, Griselda, Noche de Resurrección*, por Moisés Kantor. *Ibid.* XXXII, 457-60.
148. ——— Introd. to M. Cané, *Charlas literarias*, edition of 1919, (*q. v.*).
149. ——— *Ciudad turbulente, ciudad alegre*, novela de Gustavo Martínez Zuvería ["Hugo Wast"]. *Ibid.* XXXIII, 125-9.
150. Corti, Alfonso. *Argia* [by Juan Cruz Varela] (Contribución al estudio del teatro argentino). *Rev. de la Univ.*, XXXVIII, 14-80.
151. ——— La personalidad de Monteagudo y su obra política. *Ibid.* XL, 233-96.
152. Corvalán Mendilaharsu, Dardo. *Arauco libre*. Contribución á la historia del teatro en Buenos Aires. *Atl.*, XI, 109-32.
153. Correa Luna, Carlos. Nota biográfica de Juan Bautista Ambrosetti. *Rev. de D. H. y L.*, VII, 92-3.
154. Courtade, Ida S. Estudio literario de *Recuerdos de provincia*, por Sarmiento. *Mon. de la Educ. Común*, LII, 483-503.
155. Decoud, Alfredo. El nuevo volumen de la *Historia Argentina*, por el Dr. Vicente F. López. *Rev. Nacl.*, XVI, 199-206.
156. "Delmar, Amado." Nuestras novelas. *Flor de durazno*, de Hugo Wast. *Atl.*, IV, 417-23.
157. Dellepiane, Antonio. Figuras universitarias. Goyena. *Rev. de la Univ.*, XXI, 465-73.
158. ——— Recepción de . . . *Anal. de la Acad. de F. y L.*, II, 311-24.

" Mi intento [es] de ensayar el retrato psicológico y literario [de Lucio Vicente López.]"

159. ——— José Ramos Mejía. *Ibid.* III, p. XIII-XIX.
160. Demaría, Bernabé [Uruguayan]. *Obras literarias.* Buenos Aires, Impr. europea de M. A. Rosas, 1906. 462, III p.

" Nuestra literatura," p. 29-34. Written in 1860, noting the deplorable condition of Argentine literature. "No tenemos literatura propia de ningún género, y mucho menos dramático."
" Teatro nacional," p. 94-9. Newspaper articles published in 1903 on the need of a worthy nacional theater, the state of progress in Argentina, early dramatic companies in Buenos Aires, and the necessity of establishing a school of declamation.

161. Díaz Romero, Eugenio. Introd. to Martín García Mérou, *Estudios americanos* (*Primera serie*). [Buenos Aires, "La Cultura Argentina," 1916. 7-18, 2 l., [21]-319, [1] p.]

The earlier works of García Mérou are characterized and the *Estudios americanos* studied.

162. *Diccionario biográfico nacional que contiene: la vida de todos los hombres de estado, escritores, poetas, militares, etc. (fallecidos) que han figurado en el país desde el descubrimiento hasta nuestros días por Carlos Molina Arrotea, Servando García y Apolinario C. Casabal (abogados). Tomo primero. Entregas I and II.* Buenos Aires, Impr. Rivadavia, de Manuel Sánchez y Ca, 1877. VIII, 174 p.

163. *Diccionario . . . Entrega III. Letra C.* Buenos Aires, Impr. de M. Biedma, 1879. 175-261 p.
164. *Diccionario . . . Entrega IV. Letra Ch.* por *Carlos Molina Arrotea.* Buenos Aires, Tip. de M. Biedma, 1881. 265-277, [1] p.

   No more was published. The biographies are of good length and contain a fair amount of essential biographical detail.

165. Domínguez, Luis L. Florencio Varela. See *Galería de notabilidades argentinos.*
166. Donoso, Armando [Chilean]. Manuel Ugarte. *Nosotros,* XVII, 5-23.
167. Ebelot, Alfredo [French]. *Reseñas y críticas,* por Ernesto Quesada. *Rev. Nacl.,* XIX, 47-54.

   Cf. Quesada, " ¿ Tiene razón M. Ebelot? "

168. Echagüe, Juan Pablo (" Jean Paul "). *Puntos de vista (Crónicas de bibliografía y teatro).* Barcelona—Buenos Aires, Casa editorial Maucci, 1905. 190 p.

   Critical articles published in newspapers, for the most part in *El País.*
   Those that concern Argentine literature are:—" Miguel Cané, *Prosa ligera* "; Mercedes Pujato Crispo, *Albores* "; " José Ingenieros, *Simulación de la locura* "; " Martín Gil, *Modos de ver* "; " Jorge Söhle, *Arroyo del medio* "; " Mariano G. Bosch, *El teatro antiguo en Buenos Aires* "; Martín Coronado, *La flor del tambo* "; " David Peña, *Inútil* "; " Enrique García Velloso, *Alborada, Mosca de oro* "; " *La pasión* "; " Florencio Sánchez [Urug.], *La gringa* "; " José León Pagano, *Nirvana* "; " Otto Miguel Cione [Urug.], *El gringo* "; " Emilio Ortiz Grognet, *En la sombra* "; " Gregorio de Laferrère, *Locos de verano* "; " Enrique Frexas [Catalan]."

169. ———— *Prosa de combate.* Prólogo de Manuel Ugarte. F. Sempere y cía, editores, Valencia, [1908?]. VIII, 218 p.

   " Roberto Payró, *Marco Severi* "; " Enrique García Velloso. A propósito de un estreno [*La cadena*] "; " Otto Miguel Cione [Urug.], *El arlequín* "; " Ricardo Levene, *El odio* "; Andrés Demarchi, *Un rincón del pasado* "; Alberto Ghiraldo, *Alma gaucha* "; " Enrique García Velloso, *La sugestión de Lerman* "; " Florencio Sánchez [Urug.], *Los derechos de la salud* "; " El Concurso Nacional " [Brief review of the plays presented at a dramatic contest held in 1906-1907, in which *Presente griego* by Otto Miguel Cione won first prize, *Ganador y placé* by A. Giménez Pastor, second, and *Fuego fatuo* by E. García Velloso, third.
   A section " Crónicas diversas " includes the following articles:—
   " La imitación literaria," p. 169-75. Pointing out similarities between the plot of the play *La hoja de hiedra* by A. Bifti and that of *El doctor Rameau* by Jorge Ohnet.
   " Letras de tierra adentro," p. 176-82. A review of *Alegre,* novel by G. A. Zuviría.
   " Una novela romántica," p. 183-90. Unfavorable criticism of *Dina. Sus memorias íntimas,* novel by " René Tarbell."

170. ———— *Teatro argentino.* [Biblioteca de Andrés Bello] (*Impresiones de teatro*). Prólogo de Francisco García Calderón. Editorial América, Madrid, [1917?]. XXIV, 236 p.

   Critical articles which were written the night of the first performance and published in *La Nación* on the following day.
   J. Sánchez Gardel, *La montaña de las brujas* and *El zonda.*—Miguel Roquendo,

El caballero del yunque.—Arturo Giménez Pastor [Urug.], *Luz de sombra.*—César Iglesias Paz, *La conquista, La dama de coeur,* and *La mujer fuerte.*—Roberto Cayol, *La muerte de aquella noche;* " Beneficio y estreno en el Nuevo." —Carlos Schaefer Gallo, *La trepadora* and *El gaucho judío.*—E. Alippi and J. de Lara, *El dolor ajeno.*—Luis Bayón Herrera, *Santos Vega* and *Siripo.*—Faustino Trongé, *El espanto.*—Enrique García Velloso, *Marta Zibelina, El tango en París, Los amores de la Virreyna,* and *El zapato de cristal.*—Víctor Pérez Petit [Urug.], *La ley del hombre.*—Juan Gil, *La quimera de un romántico.*—Edmundo Bianchi, *Perdidos en la luz.*—J. González Castillo, *El mayor prejuicio.*—Alberto Weisbach, *La carcoma.*—Alfredo Duhau, *La murmuración pasa.*—Belisario Roldán, *Los contagios.*—Gustavo M. Landívar and Arturo Cancela, *El día de la flor.*—Also an article entitled " La moral en el teatro."

" El nuevo libro de Juan Pablo Echagüe comprende las críticas de obras nacionales estrenadas con posterioridad á la aparición de *Prosa de combate* . . . [Echagüe] se ha esforzado en mantenerse indiferente á las solicitaciones de diverso orden que suelen embarazar á la crítica; si no siempre lo ha conseguido, no per eso ha malogrado la seriedad de su propósito. Sus juicios, además ecuánimes, ban side bien inspirados. Ya se tratara de una mala pieza en un acto ó de una obra más extensa y equilibrada, ha basado sus apreciaciones en los mismos puntos de vista fundamentales dentro de los cuales pretende imponer rumbos al drama argentino; y uno mismo es el ideal artístico en prosa correcta, aunque un tanto estirada." José Luis Garmendia (" J. L. G."), *Rev. de D. H. y L.,* LVI, 568-9.

171. ——— *Un teatro en formación.* Buenos Aires, Impr. Tragant, 1919. 404 p.

Prologue by F. García Calderón, p. 11-22.
Roberto J. Payró, *Sobre las ruinas* and *Marco Severi.*—David Peña, *Inútil* and *Liniers.*—Florencio Sánchez [Urug.], *La Gringa, Moneda falsa,* and *Los derechos de la salud.*—José León Pagano, *Nirvana, Los astros,* and *El secreto de los otros.* —Otto Miguel Cione, *El gringo, Presente griego, El arlequín,* and *El corazón de la selva.*—Ricardo Levene, *El odio.*—Andrés Demarchi, *Un rincón del pasado.*— José A. Maturana, *A las doce.*—Pedro G. Morante, *Ambrosio Pardal.*—Julio Castellanos, *Carta blanca.*—Carlos M. Pacheco, *La primera cana.*—Mariano G. Bosch, *La picada.*—Lorenzo Fernández Duque, *En la pendiente.*—Víctor Pérez Petit [Urug.], *Claro de luna.*—Demetrio Castagnola, *Da capo.*—Enrique García Velloso, *El tango en París, Los amores de la Virreyna, Las termas de Colo-Colo, El zapato de cristal, La victoria de Samotracia, Mama Culepina, Marta Zibelina.*— Emilio Ortiz Grognet, *En la sombra.*—Agustín Fontanela, *Sensativa.*—Eugenio Gerardo López, *El 8 de marzo.*—Hamlet Gómez, *Inés.*—Arturo Giménez Pastor, *Ganador y placé* and *Luz de sombra.*—Rosario P. de Godoy, *En buena ley.*— Julio Sánchez Gardel, *Cara ó cruz, La montaña de las brujas,* and *El Zonda.*— Enrique Queirolo, *Gotas de rocío.*—Alcibíades Biffi, *Jaque mate.*—Camilo de Courandier, *Piano de cola.*—V. J. Libonati, *Sota en puerta.*—Xavier Santero [Span.], *En carne viva.*—Gregorio de Laferrère, *Las de Barranco.*—Gonzalo Bosch, *La extraña.*—Miguel Roquendo, *El caballero del yunque.*—César Iglesias Paz, *La conquista, La dama de coeur,* and *La mujer fuerte.*—Roberto Cayol, *La muerte de aquella noche.*—Luis Bayón Herrera, *Santos Vega* and *Siripo.*—Carlos Schaefer Gallo, *El gaucho judío.*—Faustino Trongé, *El espanto.*—Juan Gil, *La quimera de un romántico.*—José González Castillo, *El mejor prejuicio.*—Alberto Weisbach, *La carcoma.*—Belisario Roldán, *Los contagios* and *El Señor Corregidor.*—G. M. Landívar and A. Cancela, *El día de la flor.*—Vicente Martínez Cuitiño, *La fuerza ciega* and *La humilde quimera.*—A. Discépolo and R. de Rosa, *Conservatorio " La Armonía "* and *El chueco Pintos.*—Arturo Laruso, *La ínsula de Don Felino.*— Carlos Rodríguez Larreta, *El abismo.*—Carlos Alberto Leumann, *El novicio.*— Alfredo Duhau, *La murmuración pasa.*

There are also short notes on *La pasión;* the dramatic contest of the *Nacional* in 1907; the critic Enrique Frexas; a lecture by Echagüe, " La moral en el

teatro," delivered in the library of the *Consejo Nacional de Mujeres;* and a speech, " Un alto en la jornada," delivered at a banquet tendered him in celebration of the success of his *Teatro argentino.*
" Hay en este libro talento y bondad. A veces la crítica, que debía ser cortante como un golpe de anfiteatro, se desvanece en una insinuación generosa, pero perceptible. Otras veces, el compañerismo y la amistad inspiran su benevolencia; pero en todos los casos, una alta rectitud y una impecable probidad literaria, preside sus juicios." E. S. Zeballos, *Rev. de D. H. y L.,* LXIV, p. 551.

172. Echeverría, Esteban. *Obras completas. Escritos en prosa. Tomo cuarto.* Buenos Aires, Impr. y lib. de Mayo, Carlos Casavalle—editor, 1873. 464 p.

" Dogma socialista de la Asociación de Mayo, precedido de una ojeada retrospectiva sobre el movimiento intelectual en la Plata desde el año 37," p. 1-207. The " Ojeada " (p. 5-96) describes the establishment of the *Asociación de Jóvenes* in 1837, their ideals, questions discussed, the political situation under Rosas, *El Iniciador,* formation of other societies, activities of the young men who left the country, critical observations on their productions, necessity of a solid basis for the social structure and the significance of the *Dogma socialista.*
" Carta á Alcalá Galiano [Span.]," p. 96-108. Reply to an article published by Alcalá Galiano in Nos. 234, 235 and 236 of the *Comercio del Plata* saying that American literature was still *en mantillas,* and advising the writers of the new republics to return to the Colonial tradition. Echeverría in his reply states why the writers of America should not imitate Spain, points out a reason for the scarcity of literary production in the new republics and mentions the great figures in United States literature, asking what literature of importance was produced by Spaniards in the period of emigration, 1813-1823.

173. ——— *Obras completas . . . Con notas y esplicaciones por Juan María Gutiérrez. Tomo quinto y último. Con una noticia acerca de la vida del autor, juicios críticos por los Sres. Goyena, Mitre, Alberdi, Varela (D. Florencio), Torres Caicedo, Amunátegui, y poesías laudatorias de los Señores Berro y Magariños Cervantes.* Buenos Aires, Carlos Casavalle—Editor, Impr. y lib. de Mayo, 1874. CI, CLXIV, 462, [1] p.

" Noticias biográficas sobre Don Esteban Echeverría por Juan María Gutiérrez," p. I-CI. An account of his life and a discussion of his ideas.
" Obras completas de Don Esteban Echeverría publicadas . . . bajo la dirección del Dr. Juan María Gutiérrez, por el Doctor Don Pedro Goyena," p. I-VII. Published in the *Rev. Arg.* General discussion of the literary significance of Echeverría.
" *Los consuelos.* Juicio crítico del Doctor Don Florencio Varela," p. VIII-XXXVI. An article calling attention to defects as well as merits.
" Breves apuntamientos biográficos y críticos sobre don Esteban Echeverría, por Juan María Gutiérrez," p. XXXVII-XLVI. An article first published in *La Nación Argentina* setting forth the character of the man and the significance of his poetry in Argentine literature.
" Fragmentos de un estudio sobre don Esteban Echeverría, por Juan María Gutiérrez, p. XLVII-LXVII. Written in Chile shortly after the death of Echeverría and published in the *Revista de Buenos Aires,* 1868. Character of the man, observations on *El desierto* and the poet's place in the intellectual life of his time.
" Bibliografía. Las obras de Echeverría, por el Brigadier General Bartolomé Mitre," p. LXVIII-LXXV. General consideration of Echeverría's works with some recollections of the man.
" Don Esteban Echeverría por Don J. M. Torres Caicedo," p. LXXVI-LXXXVI.

The argument of *La cautiva* and *La guitarra* with critical comments on these and other poems.
" Necrología. Don Esteban Echeverría. Noticia de este poeta americano, muerto recientemente en Montevideo, por el Doctor Juan B. Alberdi," p. LXXXVII-XCVI. Biographical details and the political ideas of Echeverría.
" Don Esteban Echeverría por Miguel Luis y Gregorio Víctor Amunátegui." p. XCVII-CXLVIII. A critical analysis of his works taken from the *Juicio crítico de algunos poetas americanos*.
" Exequias de Echeverría. *Comercio del Plata* No. 1502. Martes 21 de enero 1851, dirigido por el Dr. D. Valentín Alsina." p. CXLIX-CLII.

174. ——— *Dogma socialista. Precedido de una ojeada retrospectiva sobre el movimiento intelectual en el Plata desde el año 1837. Plan económico—Filosofía social. Noticias biográficas por D. Juan María Gutiérrez.* Buenos Aires, " La Cultura Argentina," 1915. 304, [1] p.

The *Ojeada* is to be found on p. 89-177.

175. " E. M. B." Francisco F. Fernández. *Atl.*, XIII, 475-8.
176. Estrada, Ángel de (hijo). *Pedro Goyena. Discursos de recepción del académico Doctor Ángel de Estrada (hijo) noviembre 30 de 1914. De los Anales de la Academia de Filosofía y Letras, tomo III, páginas XXI y siguientes.* Buenos Aires, Impr. de Coni hermanos. 45 p.

Speech of Ángel de Estrada, p. 3-36. A discussion of the critical works of Goyena, followed by observations on his oratory, and personal recollections of the man.
" Discurso de observación, pronunciado por el académico Dr. Carlos Octavio Bunge," p. 36-45. Brief biographical details and characterization of the works of Estrada.

177. Estrada, José Manuel. *Peregrinación del luz del día* por Alberdi. Examen crítico. *Rev. del Río de la Plata*, XI, 86-139.
178. ——— La doctrina de la *Revista* y la crítica de *La Nación*. *Rev. (2) Arg.*, I, 199-215.
179. Estrada, Santiago. Poesías de Martín García Mérou. *Rev. (2) Arg.*, II, 419-25.
180. ——— *Félix Frías. Apuntes biográficos.* Buenos Aires, Igón hermanos, 1884. 206, [2] p.

A highly eulogistic account of the life and works of Frías.

181. ——— Juana Manuela Gorriti. *Rev. Nacl.*, XVI, 361-7.

Also published in *Miscelánea* . . .

182. ——— *Miscelánea . . . precedida de una carta-prólogo de D. Juan Valera. Tomo I.* Barcelona, Impr. de Henrich y ca en comandita, Sucesores de N. Ramírez y ca, 1889. XVII, 375, [1] p.

" Olegario V. Andrade. *El nido de cóndores. El arpa perdida. Prometeo. San Martín,*" p. 107-68. Analyses of the poems, pointing out defects and seeming plagiaries in each. Generally unfavorable criticism.
" *Las neurosis de los hombres célebres en la República Argentina* [by J. M. Ramos Mejía]," p. 299-321. A critical analysis.

"*El fraile.* Poesía de don Ricardo Gutiérrez, leída por su autor en la *Asociación Católica,*" p. 339-54. A study of the poem with special reference to its religious spirit. Favorable criticism.
"Juana Manuela Gorriti," p. 335-66. General eulogy of the authoress and praise of *Sueños y realidades.* Navarro Viola cites an edition of 1880 (16mo. 408 p. begun in the Impr. de la América del Sud and finished in that of Biedma). " En los artículos sobre *El nido de cóndores, El arpa perdida, Prometeo y San Martín,* de Andrade, no ha estado feliz. Proponíase hallar reminiscencias de otros autores, y únicamente ha encontrado el aire de familia ó versos idénticos que á nada responden, que nada significan, respecto de los cuales es ridículo suponer, en autores de cierta categoría que han sido copiado servilmente, porque ni susceptibles son de imitación." *Anuario bibliog.* II, p. 277.

183. ———— *Miscelánea . . . con una introducción del Dr. D. Manuel Tolosa Latour. Tomo II.* Barcelona, etc. XXI, 332, [1] p.

"El teatro argentino." p. 221-31. A brief account of this theater in the first half of the nineteenth century (plays given, the actors, other functions, etc.)

184. ———— *Estudios biográficos . . . Con una introducción de D. Valentín Gómez.* Barcelona, 1889, Impr. Henrich y ca. en comandita. Sucessores de N. Ramírez y ca. XIII, 276, [1] p.

"Félix Frías." p. 65-216.
"Domingo Sarmiento (Capítulo de una biografía)." p. 253-67. Biographical sketch of Sarmiento (hijo) with critical observations on his writings.

185. Ezcurra, Marcos. Doña María Josefa de Ezcurra (Biografía y fábulas). *Rev. de D. H. y L.,* LI, 50-5.

María Josefa de Ezcurra is one of the leading characters in Mármol's *Amalia.*

186. Fajardo, Heraclio C. [Urugayan]. *Hilario Ascasubi. Noticia biográfica.* [Buenos Aires, 1862.] 16 p.

Brief notes on Ascasubi's life and his place in literature.

187. "Falucho." *Alma gaucha* de A. Ghiraldo. *Rev. Nacl.,* XLII, 299-304.
188. "Flamígero." Bosquejo de la literatura argentina. *Rev. Nacl.,* XXIX, 73-77.
189. Frejeiro, Clemente. *Estudios históricos.—Don Bernardo Monteagudo. Ensayo biográfico.* Buenos Aires. Igón hermanos—editores, Lib. del Colegio, 1879. 443, [1] p.

"Escritas sin otro propósito que iluminar ciertos hechos de su vida que han permanecido como obscurecidos, debe buscarse en ellas lo que su título indica, un estudio de crítica histórica y un ensayo biográfico." *Advertencia,* p. 5.

190. ———— *Vidas de argentinos ilustres. Testo de lectura para las escuelas.* Buenos Aires, Igón Hermanos, editores, Lib. del Colegio, 1884. 122 p.

"Contiene este folleto pequeñas biografías de Vieytes, Mariano Moreno, Vicente López, Rivadavia, Pedro José Agrelo, Esteban de Luca, Julián Segundo de Agüero, Juan Cruz Varela y José Mármol." *Anuario bibliog. . . ,* VI, p. 223.

191. Gabriel, José. Manuel Gálvez y los valores literarios. *Nosotros* XXV, 32-4.

192. Gache, Samuel. *El Dr. Guillermo Rawson. Discurso pronunciado por el Dr. Samuel Gache en la sesión extraordinaria celebrada por el Círculo Médico en el Teatro Onrubia el 12 de Mayo de 1890.* Buenos Aires, Estab. Tip. El Censor, 1890. 16 p.

> Biographical sketch, including a short selection from one of Rawson's orations, followed by an outline of his personality.

193. Gahisto, Manoel [French]. Manuel Gálvez y la novela nacional en la Argentina. *Nosotros,* XXXIV, 373-7.

> A translation of an article which appeared in the *Courrier Franco-Américain* (Paris).

194. *Galería biográfica argentina por A. J. C. y M. A. P. ilustrada por Cristiano Junior (Editor).* Buenos Aires, Impr. de M. Biedma, 1877. v. p. Ports.

> Contains four biographies paged separately:—Rudecindo Alvaredo by " C," 21 p.; Juan Felipe Ibarra by " C," 20 p.; Vicente López y Planes, by " P," 8 p.; and José Mármol by " P," 10 p.

195. *Galería de notabilidades argentinas. Biografías de los personajes más notables del Río de la Plata por los señores Bartolomé Mitre, Domingo F. Sarmiento, Juan M. Gutiérrez, Félix Frías, Luis Domínguez, Genl. Ignacio Alvarez y Thomás, y otros más. Con retratos litografiados por Narcisco Desmadryl.* Buenos Aires, Ledoux y Vignal, editores, Lib. de la Victoria, Impr. Americana, MDCCCLVII. III, 276 p.

> " Gregorio Funes " by " Un amigo de los servidores de la patria," p. 117-22.
> " Mariano Moreno " by Manuel Moreno. p. 165-79.
> " Florencio Varela " by Luis L. Domínguez. p. 181-201.

196. Gálvez, Manuel. *La vida múltiple (Arte y literatura, 1910-1916).* Sociedad Cooperativa Nosotros, 1916. 288 p.

> Articles published in newspapers and magazines, modified or revised for this publication. Those that concern Argentina literature follow.
> " La literatura argentina contemporánea," p. 203-11.
> " *El libro fiel* [by Leopoldo Lugones]," p. 213-16.
> " *El hombre mediocre* [José Ingenieros]," p. 217-20.
> " El poeta Arturo Capdevila," p. 221-4.
> " Dos nuevos poetas: [Rafael Alberto] Arrieta y [Alfredo de] Arteaga," p. 225-7.
> " *La novela de Torcuato Méndez* [by Martín Aldao], p. 229-31.
> " *Blasón de plata* [by R. Rojas]," p. 233-40.
> " Hugo de Achával," p. 243-8.
> " La moralidad de *La maestra normal*," p. 249-53. Published in the Buenos Aires daily *El Pueblo* in reply to an article in that paper styling him a pornographic writer.
> " En defensa de *La maestra normal*," p. 255-65. A reply, published in *La Nación*, to an unfavorable criticism by L. Lugones.
> " Notículas sobre la literatura argentina," p. 267-86.

197. ———— Prologue to Luisa Israel de Portela, *Vidas tristes. Segunda edición.* [Buenos Aires, Cooperativa Editorial Limitada, 1918. 7-13, 5 l., 19-173, [1] p.]

Gálvez gives brief mention of other cultivators of the *genre* so rare in Argentina, the short story, notes the qualities of these stories and concludes with an admonition to the author to put a woman's soul into her work and not try to write like a man.

198. ――――― El escritor y el hombre. (Datos para los biógrafos de Carlos Octavio Bunge). *Nosotros*, XXIX, 365-79.

199. Gallo, Vicente C. Nicolás Avellaneda. Discurso pronunciado al ser colocada la piedra fundamental de su estatua, en la ciudad de Tucumán. *Atl.*, IX, 227-36.

200. García, Juan Agustín (hijo). *Alberto Navarro Viola. Estudio.* Buenos Aires, Félix Lajouane, Editor, Impreso por Pablo E. Coni, MDCCCLXXXV. 43 p.

"Este trabajo es un tributo de amistad á la memoria de Alberto Navarro Viola, á quien estudia en su personalidad íntima y en sus manifestaciones de escritor y poeta. Aunque no es un cuadro completo; merece mención especial no sólo por su estilo elegante, sino también como prueba de la intensa simpatía y del cariñoso respeto que despertaba Alberto Navarro Viola en todos sus amigos. De este estudio se hizo una única y cuidadosa edición de cien ejemplares sobre papel de Japón, y no fué puesta en venta." *Anuario bibliog. . .*, VII, p. 238.

201. ――――― *Ensayos y notas.* Buenos Aires, Arnoldo Moen, editor, [Impr. Coni hermanos], 1903. 214 p.

"P. Groussac (Á propósito de los *Anales de la Biblioteca*)," p. 13-52. A study of some of Groussac's works dealing especially with his method and criteria.

202. ――――― *La ironía de Avellaneda. Rev. de Fil.*, VI, 180-9.

Cf. E. Quesada, "Avellaneda irónico."

203. ――――― *Sobre el teatro nacional y otros estudios y fragmentos . . .* Buenos Aires, Agencia General de Lib., 1921. 286 p.

A series of articles originally published in *La Prensa*. Those dealing with Argentine literature (p. 15-102) are "Sobre el teatro nacional," "El gusto: Los grupos populares," "El estilo de las obras," "Los autores," "La estética y el método de los autores," "La risa: La cultura," "Los actores" and "Resumen y conclusión."

204. García Mérou, Martín. *Libros y autores.* Buenos Aires, Félix Lajouane, Editor, Librarie Générale, 1886. 457, [1] p.

Consists in the main of newspaper articles published in Buenos Aires, Bogotá and Madrid. The book is divided into three divisions "La novela en La Plata," "De todo un poco" and "Bosquejos históricos."
"Los dramas policiales." p. 13-24. An unfavorable criticism of the tendency of Eduardo Gutiérrez to glorify crime.
"*Inocentes ó culpables* [by Antonio Argerich]," p. 25-37. Synopsis of the plot of this novel and severe criticism of the author's attempt at naturalism.
"*Fruto vedado* [by Paul Groussac]," p. 40-56. The author cites this novel as an object lesson to young writers hypnotized by naturalism, analyses the characters and gives some idea of the plot. Favorable criticism.
"*La gran aldea* [by Vicente Fidel López]," p. 57-70. The author sees one defect in this novel, the attempt to describe all Buenos Aires society; analyses

the principal characters and points out some points of resemblance with the novels of Dickens. Favorable criticism.

"Las novelas de [Eugenio] Cambacerés," p. 71-90. Describes the storm of criticism aroused by the works of this author, discusses naturalism and the thought and style of Cambacerés, analyses *Sin rumbo*, and states Cambacerés' place in the history of Argentine literature.

"*Perfiles contemporáneos* [by Ramón J. Cárcano]," p. 121-30. An analysis of the characters of this book and a general idea of its content.

"Obras de [Carlos] Guido Spano," p. 193-212. General consideration of his verse and observations on *Ráfagas*, with quotations. The discussion of *Ráfagas* is the same as an article published in the *Anuario bibliográfico* . . . , Vol. I, omitting the last paragraph.

"*El guante* [by Luis Alfonso]," p. 213-16. Brief analysis of this *nouvelle*.
"Una justa literaria." p. 217-34. A discussion of the literary contest between Rafael Obligado and Calixto Oyuela with Carlos Guido Spano as arbiter.
"*Tabaré*" [by Zorilla de San Martín (Urug.)], p. 235-44.

205. ——— Ojeada histórica sobre el Paraguay. (Fragmento de un libro en preparación: *Ensayo crítico sobre Don Juan Bautista Alberdi.*) *Rev. Nacl.*, IX, 163-80.

206. ——— *Juan Bautista Alberdi (Ensayo crítico).* Buenos Aires, Félix Lajouane, editor, 1890. 480 p.

Alberdi. Ensayo crítico. Buenos Aires, "La Cultura Argentina," 1916. 326 p.

 t. p. preceded by a one-page biography of García Mérou.
 A short sketch of Alberdi's life, followed by an extensive analysis of his various works, their connection with European productions and their place in the intellectual and political life of Argentina.

207. ——— *Recuerdos literarios.* Buenos Aires, Félix Lajouane, editor, 1891. 447 p.

Recuerdos literarios. Con una introducción de Ricardo Monner Sanz. Buenos Aires, "La Cultura Argentina," 1915. 372 p.

 t. p. preceded by a one-page biography of García Mérou.
 In the introduction Monner Sanz simply indicates the contents of the book. The *Recuerdos literarios* is a spirited narration which brings in the majority of modern Argentine writers, with some from other nations. The most extensive treatment is given to José Manuel Estrada, Enrique A. Rivarola, Leopoldo Díaz, Santiago Estrada, the Peruvian poet José Arnaldo Márquez, Julio E. Mitre, Alberto Navarro Viola, Adolfo Mitre, Benigno B. Lugones, Juan de Dios Villa Parra [Colombian], Calixto Oyuela, Joaquín Castellanos, Martín Coronado, Rafael Obligado, Clemente Frejeiro, Manuel Laínez, Olegario V. Andrade and Miguel Cané.

208. ——— Nuevos recuerdos literarios. *Rev. Nacl.*, XVI, 142-51, 252-70, 312-18, 394-406; XVII, 166-73, 212-33.

209. ——— *Confidencias literarias.* Buenos Aires. Impr. y casa editora Argos. 1893. 237 p.

 Recollections of Argentine, Colombian and Venezuelan writers. The Argentines who receive fullest treatment are Estanislao S. Zeballos, Ricardo Gutiérrez, C. Guido Spano, Pedro Goyena, Domingo F. Sarmiento and Nicolás Avellaneda.

210. ——— *Ensayo sobre Echeverría.* Buenos Aires, Editor: Jacobo Peuser, 1894. 251 p.

"Parte primera. Los modelos del siglo XVIII, y las primeras manifestaciones en el Plata," p. 5-59.
"Segunda parte. Ojeada sobre los poetas de la revolución y de la época de Rivadavia," p. 63-106.
"Tercera parte. La vida de Echeverría y sus ideas políticas y artísticas," p. 109-69.
"Cuarta parte. Análisis de las obras poéticas de Echeverría," p. 173-251.

211. ———— Sarmiento polemista. *Bibl.*, II, 20-38.
212. ———— Introd. to J. B. Alberdi, *Peregrinación de luz del dia ó viaje y aventuras de la verdad en el Nuevo Mundo* . . . [Buenos Aires, "La Cultura Argentina," 1916. 7-28, 21., [31]-308 p.

The introduction describes the principal characters of the novel, discusses the nature of the book and mentions the abuses which it attacked.

213. ———— Los últimos días de Sarmiento. In Sarmiento, *Recuerdos de provincia. Con un apéndice* . . . [Buenos Aires, "La Cultura Argentina," 1916. 313, [315]-333, [1] p.]
214. ———— Introd. to J. B. Alberdi, *Derecho público provincial argentino* . . . [Buenos Aires, "La Cultura Argentina," 1917. 7-19, 3 l., [23]-261 p.]

A critical exposition of the principal divisions of the book.

García, Servando. See *Diccionario biográfico* . . .
215. García Velloso, Enrique. Mariano Moreno. *Nosotros*, IX, 142-63.
216. ———— *Historia de la literatura argentina*. Buenos Aires, Ángel Estrada y cia, editores, 1914. X, 474 p.

A history of Argentine literature from Colonial times to the latter part of the nineteenth century excluding living authors. Each writer is treated separately with a biography, mention of his principal works, an appreciation of their value, the character of the most important, and frequently some idea of the judgment passed upon them by other critics.
The author does not trace the lines along which the literature of Argentina has developed nor does he include a bibliography either in footnotes or at the end of the book.

217. García Velloso, Juan José. *Lecciones de literatura española y argentina. Nueva edición*. Buenos Aires, Ángel Estrada y cía, editores, 1907. Mut.
218. G[armendia], J[osé] L[uis]. Juan Pablo Echagüe. *Teatro argentino. Rev. de D. H. y L.*, LVI, 568-9.
219. Garmendia, Miguel Ángel. Sarmiento [Conferencia leída en la Escuela Normal de Profesores, 13 de mayo de 1911]. *Atl.*, II, 366-77.
220. Garro, Juan M. Introd. to José Manuel Estrada, *El génesis de nuestra raza. El catolicismo y la democracia. Los comuneros del Paraguay* . . . [Buenos Aires, Lib. del Colegio, 1899. CIV, 565 p.]

"El Doctor Garro en su 'Noticia biográfica' ha seguido minuciosamente el curso de su vida laboriosa, recordando desde sus primeros trabajos literarios en 1858, su iniciación en el periodismo, sus estudios y enseñanzas como profesor, conferencista, historiador, y su actuación ya en la Dirección de Escuelas de la Provincia, ó en el Rectorado del Colegio de Buenos Aires, y como diputado nacional, orador, publicista, y Ministro Plenipotenciario.

Resiéntese, á mi juicio, dicha biografía del criterio *unilateral*, con que el biógrafo le considera, porque al recorrerla, como lo observa el Doctor Rodolfo Rivarola [*El Maestro José Manuel Estrada.* Buenos Aires. 1914.] se recibe la impresión de que el grande escritor y orador haya sido ante todo y sobre todas las demás manifestaciones de su actividad mental, un apóstol de la iglesia católica, un combatiente en la lucha por el dominio político y social de la religión." Mario Sáenz, *José Manuel Estrada*, p. 33.

221. ——— *Páginas dispersas. Escritos y discursos.* Buenos Aires, Estab. tip. de J. Weiss y Preusche, 1916. 310, [1] p.

"José Manuel Estrada," p. 5-102. Written to serve as an introduction to Estrada's works. See above.
"Fray Cayetano Rodríguez y el obispo [José Augustín] Molina," p. 103-36. Published in the *Revista de Derecho, Historia y Letras* (1900), Vol. VI. A biographical sketch of Molina and an account of his friendship with Cayetano Rodríguez, quoting frequently from their correspondence. A brief digression deals with *La vuelta del Mesías* by the Chilean author Manuel Lacunza.
"Crónica de Córdoba por Ignacio Garzón," p. 137-47. Published in the *Revista de Derecho, Historia y Letras*, Oct. 1901. A review of Vol. II.
"Primeros periódicos y primeros periodistas en Córdoba," p. 163-72. Published in *Los Principios*, Apr. 22, 1902. Brief notes on the first printing presses in Córdoba, a list of the early newspapers and newspaper men, followed by a few paragraphs on the advisability of compiling their biographies.
"Nicolás Avellaneda," p. 173-209. Written in 1910 to serve as a prologue to his complete works. A biography with a maximum of essential biographical detail.

222. "G. E." Nuestros colaboradores. Bernardo Monteagudo. *Atl.*, XIII, 148-51.

223. Gerchunoff, Alberto. *Los lises del blasón*, por R. Rojas. *Nosotros*, VI, 14-22.

224. Gez, Juan W. Dr. Juan Crisóstomo Lafinur. El hijo de la Carolina. *Rev. Nacl.*, XXVIII, 277-85.

225. ——— *El Dr. Juan Crisóstomo Lafinur. Estudio biográfico y recopilación de sus obras.* Buenos Aires, Cabaut y cía., editores, Lib. del Colegio, 1907. IX, 213, [1] p. Illus.

226. Giménez Pastor, Arturo [Uruguayan]. El romanticismo argentino. Conferencia dada en el Colegio Nacional de Buenos Aires. *Rev. de la Univ.*, XXXII, 639-52.

227. ——— *Estudios de literatura argentina. I. Los poetas de la revolución.* Buenos Aires. Lib. de A. García Santos. 1917. 112 p.

228. ——— Elogio de Guido Spano. [Conferencia leída el 4 de setiembre de 1918 en la velada organizada por el Ateneo Hispano-Americano.] *Nosotros*, XXX, 236-46.

229. ——— El romanticismo bajo la tiranía. *Rev. de la Univ.*, XLI, 139-64, 480-514.

230. ——— Sobre el teatro histórico. *Nosotros*, XXXIV, 163-78.

231. Giusti, Roberto. Letras argentinas. *Voz del desierto*, por Eduardo Talero; *Thespis*, por Carlos Octavio Bunge. *Nosotros*, I, 53-6.

232. ——— Teatro nacional. *Para vencer*, por Leopoldo Longhi; *El mejor tesoro*, por Emilio Ortiz Grognet. *Ibid.* I, 58-62.

233. ——— *Las barcas*, por Enrique J. Banchs; *Vendimias juveniles*, por Manuel Ugarte. *Ibid.* I, 115-18.

234. ———— *El enigma interior,* por Manuel Gálvez. *Ibid.* I, 119-20.
235. ———— *Estudios literarios y políticos,* por Lucas Ayarragaray; *Los vencidos,* por Marcelo del Mayo. *Ibid.* I, 201-3.
236. ———— *Joyeles,* por Juan Aymerich; *Cavalcanti,* por Luis María Jordán; *Vértigos del sol,* por Rafael Alberto Arrieta. *Ibid.* I, 265-7.
237. ———— Letras argentinas. *El país de la selva,* por R. Rojas. *Ibid.* II, 150-2.
238. ———— *El clero argentino desde 1810 á 1830* [compiled by Adolfo P. Carranza]. *Por los caminos del mundo,* por Guido A. Cartey. *Ibid.* II, 153-4.
239. ———— *Memorias de un sacristán,* por Juan A. García; *El alma española,* por R. Rojas; *Barbujas de la vida,* por Manuel Ugarte. *Ibid.* II, 219-25.
240. ———— *El imperio jesuítico,* por Leopoldo Lugones. *Ibid.* II, 327-32.
241. ———— *Misas herejes,* por Evaristo Carriego; *Cartas de Europa,* por R. Rojas; *Al margen de la ciencia,* por José Ingenieros. *Ibid.* III, 114-19.
242. ———— *El libro de los elogios,* por Enrique J. Banchs; *La eterna angustia,* por Atilio M. Chiappori. *Ibid.* III, 201-6.
243. ———— *De cepa criolla,* por M. Leguizamón; *Talismanes,* por Ernesto M. Barreda; *Prosa de combate,* por J. P. Echagüe; *Ánima,* por Ernesto P. Turini; *Historia de un amor turbio,* por Horacio Quiroga; *Perlas rotas,* por José María Vélez. *Ibid.* III, 308-18.
244. ———— *La gloria de Don Ramiro,* por Enrique Larreta; *El viaje á través de la estirpe y otras narraciones,* por Carlos O. Bunge; *El libro de la duda y los cantos ingenuos,* por Carlos Alberto Leumann; *Ideaciones,* por Juan Mas y Pi; *Las nuevas tendencias literarias,* por Manuel Ugarte. *Ibid.* IV, 121-35.
245. ———— Leopoldo Lugones, (A propósito de *Lunario sentimental*). *Ibid.* IV, 290-306.
246. ———— *Urquiza y la casa del acuerdo,* por M. Leguizamón; *Don Cornelio de Saavedra,* por A. Zimmerman Saavedra; *El Deán Funes en la historia argentina,* por Mariano de Vedia y Mitre; *La nave,* traducción al castellano [from D'Annunzio] de Andrés A. Demarchi; *Trovas breves,* por Pedro J. Naón. *Ibid.* V, 66-75.
247. ———— *La restauración nacionalista,* por R. Rojas. *Ibid.* V, 139-54.
248. ———— Leopoldo Lugones y su obra. *Ibid.* V, 226-51.

Also published in *Nuestros poetas jóvenes,* (*q. v.*).

249. ———— *Historia de Sarmiento,* por Leopoldo Lugones. *Nosotros,* V, 299-301.
250. ———— Dos poetas: Enrique Banchs y Ernesto Mario Barreda. *Ibid.* VI, 296-312.

Also published in *Nuestros poetas jóvenes,* (*q. v.*).

251. ———— Enrique Banchs. *Atl.,* VI, 22-35.

Also published in *Nuestros poetas jóvenes.*

252. ———— *Nuestros poetas jóvenes. Revista crítica del actual movimiento poético argentino.* Edición de *Nosotros.* Albasio y cía, Buenos Aires, 1911. 190, [1] p.

" Prólogo." p. 9-14.
" Generalidades," p. 15-19. A brief discussion of the most important foreign influences and the general tendencies of Argentine literature.
" La vieja guardia," p. 20-33. Brief consideration of the poetic qualities of the generation who began to publish before 1895:—Carlos Guido y Spano, Rafael Obligado, Martín Coronado, Enrique Rivarola, Calixto Oyuela, Leopoldo Díaz, " Almafuerte," and Joaquín Castellanos.
" Leopoldo Lugones," p. 34-51. A rapid analysis of the following volumes of verse:—*Las montañas de oro, Los crepúsculos del jardín, Lunario sentimental* and *Odas singulares.*
" Nuestros poetas jóvenes," p. 52-156. An analysis of the inspiration, general tendencies and poetic qualities of the younger group of Argentine poets, dealing at greater length with Ángel de Estrada, Ricardo Rojas, Enrique Banchs, Ernesto Mario Barreda and Evaristo Carriego.
In the appendix is " Leopoldo Lugones (Á propósito de *Lunario sentimental*)," p. 157-181, an article discussing the poetic theories set forth in this volume and arriving at an adverse judgment.
The second article in the appendix is " *Leopoldo Lugones y su obra,*" p. 182-90, an open letter published in *Nosotros* following the appearance of Juan Mas y Pi's *Leopoldo Lugones y su obra.* Here Giusti differs from the point of view and opinion of Mas y Pi.

253. ———— Juan Mas y Pi. *Nosotros,* XXI, 318-20.
254. ———— Lugones helenista. *Ibid.* XXII, 180-3.
255. ———— Almafuerte. *Ibid.* XXV, 295-7.
256. ———— *La dulce patria,* por Arturo Capdevila. *Ibid.* XXV, 532-4.
257. ———— *Crítica y polémica. (Aristarco y ellos—José Enrique Rodó—Giovanni Pascoli—Poesías de Carducci—Unamuno poeta—Un camino en la selva—Fernández Moreno—La Argentinidad—El mal metafísico—Una novela filosófica—Belisario Roldán, poeta drámatico—Un libro infame—Por el idioma—El frenesí de la metáfora—La revista de mi amigo—Luis Ipiña—Juan Mas y Pi—Florencio Sánchez).* Edición de Nosotros. Buenos Aires, 1917. 220, [1] p.

The articles that concern Argentine literature are:—" Aristarco y ellos," p. 7-29, a defense of *Nuestros poetas jóvenes;* " Un camino en la selva," p. 89-100, an open letter giving his impressions of this volume of poems by Ernesto Mario Barreda; " Fernández Moreno," p. 101-13, an analysis of his poetry; " *La argentinidad,*" p. 115-30, literary criticism of this book by R. Rojas; " *El mal metafísico,*" p. 131-7, literary criticism of a novel by that title written by Manuel Gálvez; " Una novela filosófica," p. 139-50, literary criticism of *Toda la sed,* by Eulogio R. de la Fuente, a Spanish writer who long resided in Argentina; " Belisario Roldán, poeta dramático," p. 151-60, unfavorable criticism; " Un libro infame," p. 161-69, referring to the text, *Elementos de historia contemporánea . . . arreglados en vista de los textos elementales de J. Chantrel y de M. Courval.* The second part of the book is entitled " Recordando á los que nos han dejado," p. 203 ff., and deals with recollections of Luis Ipiña, Juan Mas y Pi and Florencio Sánchez.

258. ———— Fernández Moreno; *La vida interior,* por Pedro Mario Delheye; *Serenamente,* poesías por Ernesto Morales. *Ibid.* XXVI, 463-74.

259. ——— *De nuestra tierra,* por Carlos Ibarguren; *Los atormentados* (*novela*), por Luis María Jordán. *Ibid.* XXVI, 635-7.
260. ——— *La simple canción,* por Rosa García Costa. *Ibid.* XXVII, 241-4.
261. ——— *Cuentos de amor, de locura y de muerte,* por Horacio Quiroga. *Ibid.* XXVII, 387-9.
262. ——— *Raucho. Momentos de una juventud contemporánea,* por Ricardo Güiraldes. *Ibid.* XXVII, 391-4.
263. ——— *La sombra del convento,* por Manuel Gálvez. *Ibid.* XXVII, 517-27.
264. ——— Orígenes del teatro rioplatense. *Ibid.* XXVIII, 67-77.
265. ——— *Almafuerte, su personalidad y su obra.* Una conferencia por Victorio M. Delfino. *Ibid.* XXVIII, 259-62.
266. ——— *Literatura contemporánea,* por Álvaro Melián Lafinur. *Ibid.* XXIX, 101-4.
267. ——— Rafael de Diego. *Ibid.* XXIX, 280-3.
268. ——— *El dulce daño,* por Alfonsina Storni; *Mis profetas locos y Alberto Ghiraldo,* por José de San Martín. *Ibid.* XXIX, 549-53.
269. ——— *Sonetos y triolets,* de Álvaro Melián Lafinur; *Del amor y del alma,* por Amado Villar. *Ibid.* XXXI, 268-74.
270. ——— Una demostración á Paul Groussac. *Rev. de Fil.,* XI, 65-78.
271. ——— Porqué nuestra literatura no es considerada en el extranjero; *El año literario,* por J. Torrendell. *Nosotros,* XXXIV, 258-66.
272. González, Joaquín V. *Recuerdos de la tierra* [de M. Leguizamón]. *Bibl.,* II, 384-400.
273. ——— Introd. to Agustín Álvarez, *La creación del mundo moral* . . . [Buenos Aires, "La Cultura Argentina," 1915. 9-28, 2 l., [31]-266 p.]

Personal reminiscences, an account of the education of Álvarez, discussion of the religious factor in his works, and a characterization of his personality.

274. ——— Introd. to Domingo F. Sarmiento, *Facundo* . . . [Buenos Aires, "La Cultura Argentina," 1915. 7-23, 3 l., 27-360 p.]

A speech delivered at the Colón theater, May 15, 1911, in commemoration of the centenary of Sarmiento. It takes up the formation of Sarmiento's character and studies his mission as an educator.

275. ——— *Bronce y lienzo.* Buenos Aires, Lib. La Facultad de Juan Roldán, 1916. 204, [1] p.

" Dr. Eduardo Wilde," p. 85-91. A discussion of his humorism.
" Gervasio Méndez," p. 93-7. Written the day after the death of the poet. Brief biographical notes and remarks on the character of his literary productions.

276. Goyena, Pedro. Juicio crítico de las obras poéticas de Ricardo Gutiérrez. *Rev.* (*1*) *Arg.,* V, 289-354.

Also published in *Crítica literaria.*
" Goyena busca, no solo la filiación literaria en la escuela byroniana, sino encuentra en el *Infidel,* en el *Lara* y el *Corsario,* el modelo del *Lázaro* y el *Exequiel.*" M. Cané, *Ensayos,* p. 211.

277. ——— Poesías del Dr. Juan María Gutiérrez. *Ibid.* VI, 3-19.

Also published in *Crítica literaria.*

278. ——— José Manuel Estrada. *Ibid.* VI, 97-111.

Also published in *Crítica literaria.*

279. ——— Fray Ventura Martínez. *Ibid.* VII, 61-85.

Also published in *Crítica literaria.*

280. ——— Poesías de Estanislao del Campo. *Ibid.* VII, 203-36.

281. ——— El señor del Campo y sus críticos. *Ibid.* VIII, 65-72.

282. ——— Crítica literaria. De como el señor don José Mármol no es el folletinista XX de *La Nación. Ibid.* VIII, 81-91.

283. ——— Contestación á la carta del Dr. Wilde. (*q. v.*). *Ibid.* VIII, 267-73.

284. ——— Contestación á la segunda carta del Dr. Wilde. *Ibid.* VIII, 331-47.

285. ——— *Obras completas de don Esteban Echeverría,* publicadas bajo la dirección de don Juan María Gutiérrez. *Ibid.* VIII, 349-53.

Also published in *Crítica literaria;* Echeverría, *Obras,* V; and Echeverría, *La cautiva . . .* [" La Cultura Argentina." 1916.].

286. ——— Necrología. Luis Baibiene. Carlos Harvey. *Ibid.* X, 533-38.

Also published in *Crítica literaria.*

287. ——— Poesías de Jorge Mitre; Ensayos poéticos de Adolfo Lamarque. *Ibid.* XI, 71-81.

Also published in *Crítica literaria.*

288. ——— Carlos Guido y Spano, *Hojas al viento. Ibid.* XI, 451-66.

Also published in *Crítica literaria.*

289. ——— El padre Esquiú, orador. *Rev.* (*2*) *Arg.*, I, 437-71.
290. ——— *D. Félix Frías.* Buenos Aires, Impr. especial para obras, Calle Alsina, 60, 1884. 120 p.

This study deals with the life and ideas of Frías. It also appears as introd. to *Escritos y discursos de Félix Frías.* [Buenos Aires, C. Casavalle, Editor, Impr. y Lib. de Mayo, 1884. 4 v.]

291. ——— Mitre—Sarmiento—Avellaneda. *Rev. de D. H. y L.*, V, 11-14.
292. ——— Oradores argentinos en 1870. *Est.*, IV, 392-418.
293. ——— *Crítica literaria.* Con una introducción de Angel de Estrada (*hijo*). Buenos Aires, " La Cultura Argentina," 1917. 7-46, 2 l., [49]-261, [1] p.

t. p. preceded by a one-page biography of Goyena.
The introduction consists of a speech delivered by A. de Estrada (*q. v.*), Dec. 30, 1914.
The critical articles that concern Argentine literature are: " Poemas de Ricardo Gutiérrez," p. 49-116; " Poesías del doctor Juan María Gutiérrez," p.

117-33; "José Manuel Estrada," p. 135-50; "Fray Ventura Martínez," 151-77; "*Poesías* de Estanislao del Campo," p. 179-213; "*Obras completas* de Esteban Echeverría," p. 215-19; "Necrología. Luis Baibiene—Carlos Harvey," p. 231-6; "Jorge Mitre, Adolfo Lamarque," p. 237-47; "Carlos Guido y Spano, *Hojas al Viento*," p. 249-61.

294. Groussac, Paul [French]. *Catálogo metódico de la Biblioteca Nacional seguido de una tabla alfabética de autores. Tomo primero. Ciencias y artes.* Buenos Aires, Impr. de Pablo Emilio Coni e hijos, 1893. XCIX, 500 p.

> Pages V-LXIX of the preface are devoted to an historical account of the National Library, among whose directors figure Cayetano José Rodríguez, Mariano Moreno, Dr. Tejedor, José Mármol, Vicente Quesada, Manuel Ricardo Trelles and José Antonio Wilde. Biographical data is given, for the most part regarding the connection of these men, and that of the founder, Mariano Moreno, with the Library; but in the case of Mármol literary criticism is included, with unfavorable judgment of the poet's production.

295. ———— *Escritos de Mariano Moreno*. Con prólogo por Norberto Piñero, Bibl., I, 121-60.
296. ———— La biblioteca de Buenos Aires. *Ibid.* I, 9-33, 161-93.
297. ———— Biographies of Pedro N. Arata, Miguel Cané, Clemente L. Frejeiro, Pedro Goyena, Vicente Fidel López, B. Mitre, Rafael Obligado, José M. Ramos Mejía and Eduardo Schiaffino. *Ibid.* I.
298. ———— Biographies of Nicolás Avellaneda, Matías Calendrelli, Luis M. Drago, Martín García Mérou, Joaquín V. González, Bernardo de Irigoyen, Carlos Rodríguez Larreta, Enrique Rodríguez Larreta, Lucio Vicente López, Bartolomé Novaro and Carlos Pellegrini. *Ibid.* II.
299. ———— *Recuerdos de la tierra*, por M. Leguizamón. *Ibid.* III, 152-6.
300. ———— Biographies of J. B. Alberdi, Carlos A. Aldao, Adolfo Alsina, Juan Antonio Argerich, Eduardo L. Bidau, Juan Agustín García (hijo), Ricardo Gutiérrez and Ernesto Quesada. *Ibid.* III.
301. ———— Boletín bibliográfico. *Lecciones sobre historia argentina*, por José Manuel Estrada. *Ibid.* IV, 163-4.
302. ———— Esteban Echeverría, La Asociación de Mayo y el *Dogma socialista*. *Ibid.* IV, 262-97.
303. ———— Boletín . . . Polémica de la triple alianza entre el General Mitre y el Doctor Juan Carlos Gómez; *Escritos póstumos* de J. B. Alberdi; *Traducciones* por Leopoldo Díaz. *Ibid.* IV, 317-28.
304. ———— Biographies of Luis Berisso, Antonio Dellepiane, Luis L. Domínguez, Samuel Gache, Tomás Iriarte, Lucio V. Mansilla, Manuel A. Montes de Oca, Pedro B. Palacios and Roque Sáenz Peña. *Ibid.* IV.
305. ———— Biographies of Ramón J. Cárcano, José M. Guastavino, Leopoldo Lugones, Juan A. Martínez, Juan Baltazar Maciel, Francisco Ramos Mejía and Fermín Rodríguez (hijo). *Ibid.* V.
306. ———— Biographies of Rómulo E. Martini and Vélez Sarsfield. *Ibid.* VI.
307. ———— *Escritos de Mariano Moreno* (Segundo artículo). *Ibid.* VII, 268-318.

> Called forth by Piñero's *Escritos de Moreno y la crítica de Groussac*.

308. ———— Biography of Manuel Moreno. *Ibid.* VII.
309. ———— Redactores de *La Biblioteca*. *Ibid.* VIII, 249-85.

> A collection of the biographical articles which had appeared in previous numbers of *La Biblioteca*.

310. ———— Noticia biográfica de don Diego de Alvear y examen crítico de su *Diario*. *Anal. de la Bibl.*, I, 195-266.

> Also published in *Estudios de historia* . . .

311. ———— Noticia biográfica del doctor Diego Alcorta. *Ibid.* II, VIII-CXX.

> Also published in *Estudios de historia* . . .

312. ———— Noticia biográfica de don Francisco Aguirre y estudio crítico de su *Diario*. *Ibid.* IV, IX-XL.
313. ———— Noticia del P. José Guevara y estudio crítico de *La historia del Paraguay*. *Ibid.* V, IX-LXXXVI.
314. ———— Ruy Díaz de Guzmán. Noticia sobre su vida y su obra. *Ibid.* IX, IX-LIII.
315. ———— *El viaje intelectual. Impresiones de naturaleza y de arte. Primera serie.* Madrid, Lib. general de Victoriano Suárez, 1904. 426, [1] p.

> "Sarmiento," p. 15-30. A brief sketch of Sarmiento's varied fields of activity. It was published in the daily paper, *Sud-América*, Sept. 14, 1888, three days after the death of Sarmiento.
> "El gaucho. Costumbres y creencias populares de las provincias argentinas. Conferencia dada en el World's Folklore Congress de Chicago el 14 de Julio de 1893." p. 47-75.

316. ———— *Estudios de historia argentina. El padre José Guevara—Don Diego de Alvear—El Doctor Don Diego Alcorta—Las Bases de Alberdi y el desarrollo constitucional.* Buenos Aires, Jesús Menéndez, librero editor, 1918. XI, 371, [1] p. Port. of Groussac.

> "Los títulos de las partes de este tomo parecerían contener simples biografías: pero . . . son verdaderos cuadros históricos, en torno de caracteres políticos y militares, que compendían épocas señaladas en nuestra vida colonial y patricia.
> Así el juicio crítico sobre la obra del padre Guevara, le da tema para referirse á la aparición de la Compañía de Jesús en el Río de la Plata . . .
> Las páginas sobre Alvear nos muestra algunas de las fases de la demarcación de los dominios hispano-portugueses en Sud-América . . .
> El estudio sobre el doctor Alcorta . . . no tiene por objeto hacer de este modesto profesor una entidad nacional, sino, presentarnos en forma vehemente la dictadura de Rosas, con el examen de sus causas y de los errores de los unitarios.
> En fin las *Bases* de Alberdi le permiten exponer una preparación de la mejor ley sobre los orígenes constitucionales argentinos . . .
> El estudio presenta en todos sus estudios al autor con todas las intransigencias, a veces violentas de su temperamento intelectual, con su escrupulosidad insuperable para rastrear y depurar las comprobaciones históricas y con su profusa erudición literaria." E. S. Zeballos, *Rev. de D. H. y L.*, LXII, 403-4.

317. ———— *Los que pasaban. José Manuel Estrada—Pedro Goyena—*

Nicolás Avellaneda—Carlos Pellegrini—Roque Sáenz Peña. Buenos Aires, Jesús Menéndez, librero editor, 1919. IX, 357 p.

"Del retrato fiel y colocado en plena luz, es de lo que me he preocupado, no de tal o cual rasgo peculiar mío, salido al improviso y de refilón entre los accesorios de la figura central. Visible está que no me he propuesto aquí escribir memorias literarias ni siquiera recuerdos de mi pasado, á imitación de tantos modelos que se conocen y admiran . . . " Preface, VI.

318. Guido, José Tomás. *Escritos.* La Biblioteca Popular de Buenos Aires, Lib. Edit. de Enrique Navarro Viola, 1880. 330, III p.

"*Martín Fierro,* 1878," p. 43-4. Eulogistic letter to José Hernández acknowledging receipt of this book.
"*Persio y Juvenal,*" p. 40-2. Letter in the same tone to the author, Ernesto Quesada.
"Los destinos de la literatura argentina," p. 45-9. Argues that Argentine literature has not sufficiently defined itself to be considered a literature by itself and points out directions authors ought to follow for its development.
"Juicio crítico á propósito de un libro nuevo [Pelliza, *Crítica y bocetos*]," p. 51-4. Letter to Pelliza discussing this book and also one from Pelliza dealing with Guido y Spano's *Hojas al viento.*
"Rasgos biográficos y elogios. Florencio González Balcarce," p. 61-5. Contains but few facts.

———— *Segunda edición.* Buenos Aires, Carlos Casavalle, editor, Lib. de Mayo, 1885. 410 p.

"Las páginas literarias, primera sección del libro, revelan al hombre de imaginación y al crítico bondadoso, dispuesto á tolerar lo irremediable y á prestar aliento á los ensayos titubeantes.
Guido profesa una mal entendida caridad como biógrafo, lo mismo como crítico." *Anuario bibliog.,* II, 271.

319. Guido y Spano, Carlos. Carta confidencial (autobiografía). *Nosotros,* XXX, 248-308.
320. ———— Juicio acerca de la novela *El triunfo del siglo* por Isaac R. Pearson. See *Juicios* . . .
321. Gutiérrez, Juan María.[1] Biografías americanas. Fray Cayetano José Rodríguez. *El Plata,* IV, 153-4.
322. ———— *Apuntes biográficos de escritores, oradores i hombres de estado de la República Argentina.* Buenos Aires, Impr. de Mayo, 1860. 294 p.

Includes brief biographies of Cayetano José Rodríguez, Bernardo Monteagudo, M. J. de Labardén, B. Vera y Pintado, Manuel Moreno, Florencio Balcarce and J. C. Lafinur.

323. ———— *Estudios biográficos sobre algunos poetas sud-americanos anteriores al siglo XIX. Tomo I. (Edición tirada á un corto número de ejemplares).* Buenos Aires, Impr. del Siglo, 1865. VII, 355. [1] p.

---

[1] See Juan María Gutiérrez. Poeta laureado. Actas de la comisión clasificadora para el certamen literario del 25 de mayo de 1841. *Rev. Nacl.,* XXIII, 256-67.

"Juan Manuel de Lavardén," p. 35-128. An extensive biography and discussion of the works of Labardén with long quotations.

324. ———— El Doctor Don Juan Baltazar Maziel. *Rev. de B. A.*, VI, 402-18, 497-532.

325. ———— Reminiscencias de literatura antigua americana y especialmente de la República Argentina. *Ibid.* XII, 540-62.

326. ———— Fragmentos de un estudio sobre Don Esteban Echeverría. *Ibid.* XVII, 586-601. See also Echeverría, *Obras* . . . V.

327. ———— *Noticias históricas sobre el origen y desarrollo de la enseñanza pública en Buenos Aires desde la época de la estinción de la Compañía de Jesús en el año 1767 hasta poco después de fundada la Universidad en 1821. Con notas biográficas, datos estadísticos y documentos curiosos inéditos o poco conocidos.* Buenos Aires, Impr. del Siglo de J. M. Cantilo, 1868. XVII, 941 p.

Origen y desarrollo . . . Texto reordenado para la presente reedición, precedida por un estudio de Juan B. Alberdi. Buenos Aires, "La Cultura Argentina," 1915. 645 p.

The introduction (p. 11-32) outlines the literary and intellectual personality of J. M. Gutiérrez including a considerable amount of biographical detail and personal recollections.
In the text are included biographies of J. B. Maziel, J. C. Lafinur and Manuel Moreno.

328. ———— Carta á Manuel José Guerrico [Sobre Balcarce]. See Balcarce.

329. ———— Estudio sobre las obras y la persona del literato y publicista don Juan Cruz Varela. *Rev. del Río de la Plata*, I, 14-46, 290-304, 476-500, 660-69; II, 87-102, 248-67, 403-16, 496-532; III, 1-43; IV, 3-44, 271-300; XII, 382-461.

Estudio . . . Edición tirada a 100 ejemplares. Buenos Aires, Impr. y Lib. de Mayo, 1871. 365 p.

A chronological study with numerous and extensive quotations. Before entering into the analysis of *Dido* the author digresses to review the theater in Buenos Aires from its origin to the appearance of the tragedies *Dido* and *Argia*.

Juan Cruz Varela. Su vida—Sus obras—Su época. Precedido por un juicio de Miguel Cané. [*Edición de "La Cultura Argentina"*]. Administración General: Casa Vaccaro, Av. de Mayo, 638, Buenos Aires, 1918. 288 p.

The introduction by Miguel Cané is from his *Charlas literarias* (*q. v.*).

330. ———— La primera sociedad literaria y la primera revista en el Río de la Plata [*Telégrafo Mercantil*]. *Rev. del Río de la Plata*, I, 125-37.

331. ———— La literatura de mayo. *Ibid.* II, 554-75.

332. ———— Fragmentos de un poema dramático titulado *Carlos* por Estevan Echeverría. Precedido de algunas palabras por J. M. Gutiérrez. *Ibid.* IV, 325-53.

333. ——— Estudios histórico-críticos sobre la literatura en Sud-américa. *Ibid.* IV, 649-69.
334. ——— Estudios literarios inéditos de don Esteban Echeverría. Precedidos de una introducción por J. M. Gutiérrez. *Ibid.* V, 360-98.
335. ——— Nuestro primer historiador Ulderico Schmidel, su obra, su persona y su bibliografía. *Ibid.* VI, 3-72.
336. ——— *El sueño de Eulalia contado á Flora* y noticias sobre su autor [Cayetano Rodríguez]. *Ibid.* VI, 175-91.
337. ——— Estudio sobre *La Argentina y Conquista del Río de la Plata*, y sobre su autor don Martín del Barco Centenera. *Ibid.* VI, 287-334, 358-409, 648-89; VII, 111-37, 337-61, XII, 610-39.
338. ——— Noticias biográficas sobre don Esteban Echeverría. (Para colocar al frente del tomo V y último de las obras completas de aquel). *Ibid.* VIII, 3-84.
339. ——— Don Esteban de Luca. Noticias sobre su vida y escritos. *Ibid.* XIII, 3-60.

Don Esteban de Luca . . . Buenos Aires, Impr. y Lib. de Mayo, 1877. 60 p.

An account of his life as public man and poet with criticism of his works.

340. ——— La sociedad literaria y sus obras. *Rev. del Río de la Plata,* XIII, 185-228.
341. ——— El Coronel Don Juan Ramón Rojas, soldado y poeta. *Ibid.* XIII, 345-85.

El Coronel D. Juan Ramón Rojas . . . Buenos Aires, Impr. y Lib. de Mayo, 1877. 41 p.

An account of Rojas' public, military and literary career, with numerous and extensive selections from his poetry.

342. ——— Notes to the *Cancionero popular.* See *Cancionero* . . .
343. ——— Introd. to José Mármol, *Cantos del peregrino.* [Buenos Aires, "La Cultura Argentina," 1917. 7-15, 3 l., 19-261, [1] p.

Dated "Río Janeiro, Febrero, 1845." A eulogy of the above poem with numerous quotations from it.

344. ——— Introd. to *Vida y memorias del Dr. Manuel Moreno.* ["La Cultura Argentina," 1918].

Originally published in *Apuntes biográficos de escritores* . . .

345. Hernández, Rafael. *Pehuajó. Nomenclatura de las calles. Breve noticia sobre los poetas argentinos que en ellas se conmemoran.* Buenos Aires, Impr. de Obras de J. A. Berra, 1896. 150 p.

Biographies of Manuel de Lavardén, Cayetano Rodríguez, Pantaleón Rivarola, Juan Ramón Rojas, Esteban de Luca, Juan Gualberto Godoy, J. C. Lafinur, Juan Cruz Varela, J. M. Gutiérrez, Esteban Echeverría, Marcos Sastre, H. Ascasubi, Juana Manuela Gorriti de Belzú, Claudio Mamerto Cuenca, José Rivera Indarte, Florencio Balcarce, José Mármol, José María Zuviría, Estanislao del Campo, José Hernández, González del Solar, Juan Chassaing, Carlos Encina, Adolfo Mitre, V. López y Planes, C. Guido y Spano and O. Andrade.

346. Herrero, Antonio. El poeta del hombre. Vida y obra de Pedro B. Palacios (Almafuerte). *Atl.*, XI, 376-86; XII, 65-79, 237-52.
El poeta . . . Estudio preliminar del Dr. Francisco A. Barroetaveña. Pórtico del poeta Arturo Vásquez Cey. 1918, Martín García (Librero editor), Buenos Aires. 194 p.

The "Estudio preliminar" makes favorable mention of the earlier writings of Herrero, gives anecdotes about Almafuerte and lavishly praises the above book. He closes with the following statement: "este libro de Herrero es un tesoro de mentalidad y de glorificación de Almafuerte, que en Francia le habría valido las palmas académicas y una renta perpetual. ¿Costeará entre nosotros los gastos de impresión?"

The main study gives a brief biography of Almafuerte, a eulogy of his personality, moral, mental and literary, and concludes with an analysis of his principal poems.

347. Ibarguren, Carlos. *De nuestra tierra.* Sociedad Cooperativa Editorial Limitada, 1917. 192, [2] p.

"Un historiador de la patria. Vicente Fidel López. Su vida y su obra," p. 111-150. A study read before the Faculty of Philosophy and Letters, April 24, 1915, and published as the introduction to Vicente Fidel López, *Manual de la historia argentina* . . . [Buenos Aires. " La Cultura Argentina." 1916. 7-21, 1 l. [23]—582 p.]
"La obra literaria de José M. Ramos Mejía. Su ambiente y su momento," p. 153-80.

348. ———— En la tumba de Carlos Octavio Bunge. *Nosotros*, XXIX, 380-3.

349. ———— Carlos Octavio Bunge (Discurso). *Mon. de la Educ. Común*, LXVII, 126-8.

350. Ingenieros, José. La obra intelectual de J. M. Ramos Mejía. *Mon. de la Educ. Común*, LIII, 253-93.

A lecture delivered before the *Sección de Estudiantes del Ateneo Hispano Americano*, April 2, 1915. It is divided into the following chapters: I. " Sarmiento y la generación del 80." II. *" Las neurosis de los hombres célebres."* III. " La actuación universitaria de Ramos Mejía." IV. *" La locura en la historia."* V. " Literatura y sociología." VI. *" Los simuladores del talento."* VII. " *Rosas y su tiempo.*" VIII. " La educación nacionalista." IX. " Ideales de cultura."

351. ———— Las ideas sociológicas de Sarmiento. Prologue to Sarmiento, *Conflicto y armonías de las razas en América* . . . [Buenos Aires, " La Cultura Argentina," 1915. 7-40, 2 l., 43-458.]

Contents:—I. " Las orientaciones de *Facundo*." II. " El conflicto de las razas en la América colonial." III. " Influencia de las razas en la constitución política de ambas Américas." IV. " La regeneración de las razas y el porvenir de nuestra América."

352. ———— La personalidad de José Ramos Mejía. Prologue to Ramos Mejía, *Las neurosis de los hombres célebres en la historia argentina. Precedido de una introducción de Vicente Fidel López. Segunda edición* . . . *con un prólogo* . . . [Buenos Aires, " La Cultura Argentina," 1915. 455 p.]

The introduction (p. 79-88), by López consists of general reflections suggested by the work of Ramos Mejía. The prologue (p. 9-73) contains the following chapters: I. " Los médicos en la cultura argentina." II. *" Las neurosis de los hombres célebres."* III. " La actuación universitaria de Ramos Mejía." IV. *" La locura en la historia."* V. *" Las multitudes argentinas."* VI. *" Los simuladores del talento."* VII. *" Rosas y su tiempo."* VIII. " La educación nacionalista." IX. " Ideales de cultura."

353. ——— Las doctrinas sociológicas de Alberdi. Introd. to Alberdi, *Estudios económicos* . . . [Buenos Aires, " La Cultura Argentina," 1916. 7-40, 2 l., 43-404 p.]

    Contents: I. Primeras ideas sociales de Alberdi. II. El contenido sociológico de las *Bases*. III. Pensamientos complementarios. IV. Interpretación económica de la historia americana en los *Estudios económicos*. V. Significación moral de la política económica.

354. ——— Un moralista argentino. Agustín Álvarez. *Nosotros*, XXIV, 220-6. Also published in *Rev. de Fil.*, No. 12, Nov. 1916.
355. ——— La filosofía social de Echeverría y la leyenda de la Asociación de Mayo. *Rev. de Fil.*, VII, 225-97.
356. ——— Introd. to Carlos Octavio Bunge, *Nuestra América* . . . " La Cultura Argentina," 1918. 7-27, 21 l., 49-317 p.

    Contents:—I. Criterios generales. II. Las razas concurrentes. III. La psicología de los hispano-americanos. IV. La pereza hispano-americana. V. La política hispano-americana.

357. Insúa, Javier. *Canciones de mi tierra*, por Alfredo R. Bufano. *Nosotros*, XXXIV, 254-7.
358. Jaurés, Jean [French]. Las ideas de Alberdi y las realidades contemporáneas [Conferencia, Septiembre 22, 1911]. *Atl.*, IV, 35-55.
359. " J. N." [Julio Noe ?]. *Las sendas del arquero*, por Gustavo Caraballo. *Nosotros*, V, 394-6.
360. Jordán, Luis María. Los contemporáneos. I. Carlos Guido y Spano. II. Rafael Obligado. *Mon. de la Educ. Común*, XXXIX, 74-89, 228-42.
361. ——— Guido y Spano. *Nosotros*, XXX, 337-9.
362. ——— Alfonsina Storni. *Ibid.* XXXII, 37-41.
363. *Juicios acerca de la novela argentina de costumbres El Triunfo del Siglo por Isaac R. Pearson*. Impr. de " La Revista," [n. d.]. 48 p.

    Letters of commendation from various persons including Carlos Guido y Spano, Claudio R. Pozuelo and Leopoldo Lugones, followed by newspaper clippings.

364. Laferrère, Alfonso de. *Los lises del blasón*, por Ricardo Rojas. *Nosotros*, VI, 72-4.
365. ——— *Primavera*, por Luciano González Calderón. *Ibid.* VI, 412-14.
366. Lamarque, Adolfo. La literatura argentina en la época de Rivadavia. In *D. Bernardino Rivadavia. Libro del primer centenario de su natalicio publicado bajo la dirección de Andrés Lamas . . . con la colaboración de los señores . . . Enrique S. Quintana, Adolfo Lamarque, y Ánjel J. Carranza*. [Buenos Aires, Impr. de S. Ostwald, 1882. 181, 226, [1] p. 4 pl.]

Pages 149-65 of the second part include the study mentioned above. It deals principally with the *Sociedad Literaria* and J. C. Varela.

367. Lara, Noel de. *Martín Fierro. Consideraciones sobre un estudio del doctor Carlos O. Bunge.* Buenos Aires, Edición de la lib. La Internacional, 1916. 12, [1] p.

    Defense of *Martín Fierro* against statements made by Bunge in his *Literatura gauchesca*.

368. Larraín, Jacob. *Ensayo crítico sobre las obras poéticas de Olegario V. Andrade.* La Plata, Impr. y lib. de la Ilustración Nacional, 1889. 63 p.

    This study appeared in 1887 as an introduction to the Chilean edition of Andrade's poetry. It consists of a brief sketch of his life, consideration of his political works, and an analysis of his poems.

369. Lascano, Pablo. Vélez Sarsfield. *Rev. de D. H. y L.,* IX, 86-94.
370. ———— Sobre *El clero argentino de 1810 á 1830. Rev. Nacl.,* XLV, 120-3.

    Cf. P. I. Caraffa, El clero . . .

371. Leguizamón, Martiniano. Notas bibliográficas y biográficas al *Lazarillo de ciegos caminantes* [by Bustamante Concolorcorvo] y *Guía de forasteros del Virreynato de Buenos Aires,* 1803 [by José Joaquín de Araujo]. [Buenos Aires, Cía. sud-americana de billetes de banco, 1908. XXII, 566 p.]

    Also published in *De cepa criolla.*

372. ———— *De cepa criolla.* La Plata, Est. gráfico de Joaquín Sesé, editor, 1908. X, 303 p.

    " Hidalgo," p. 3-26. A discussion of the works of Hidalgo.
    " Tierra de matreros," p. 47-54. A discussion, in the form of a dialogue, of the *País de los matreros* by "'Fray Mocho" (José S. Álvarez).
    " Charla literaria," p. 73-80. Advice to Argentine authors to seek their themes in Argentina.
    " Fray Mocho," p. 95-101. The personality of Álvarez and a characterization of his works.
    " Por los colores de la bandera," p. 105-12. Analysis of the play *Sobre las ruinas* by Roberto J. Payró, and a brief note on the poem *El gaucho* by Horacio B. Oyhanarte.
    " Un libro de cuentos," p. 115-22. Brief analysis of *Gil* by V. Pérez Petit [Urug.].
    " Neologismos criollos," p. 137-45.
    " Un poeta bohemio," p. 159-65. The personality of Martín Goycoechea Menéndez quoting the sonnet, *La montonera.*
    " El casamiento de Laucha. El autor y el libro," p. 169-75. Largely an analysis of the plot of this picaresque novel written by Roberto J. Payró.
    " De los últimos," p. 179-84. Brief study of other poems of Aníbal Marco Giménez, quotation of the sonnet mentioned above and general considerations of the author's poetic qualities.
    " Lauracha," p. 187-95. Analysis of this novel by Otto Miguel Cione [Urug.].
    " Dos libros coloniales. Concolorcorvo y Araújo," p. 199-216.
    " Cuadros de antaño," p. 217-26. Comparison of this poem by the Uruguayan Pedro Erasmo Callorda with another of the same name by Carlos Roxlo [Urug.].

"*Clarinadas,*" p. 229-36. A study of this volume of poems by Leandro Arrarte Victoria.
" El suicidio entre los gauchos," p. 239-47. Provoked by the *dénouement* of *Barranca abajo* by Florencio Sánchez [Urug.]. Leguizamón decides that it was not natural for *gauchos* to commit suicide.
" El viejo Calisto," p. 251-62. Recollections and impressions of the works of the Uruguayan author, Alcides de María.
" *Los criollos de antes,*" p. 277-88. Impressions of this volume by Eduardo Talero.
" Semblanza. Elías Regules " [Urug.], p. 289-302.

373. ——— Andrade. La cuna del poeta. Recuerdos. *Mon. de la Educ. Común*, XXXV, 31-40.

Also published in *Páginas argentinas.*

374. ——— *Páginas argentinas. Crítica literaria é histórica.* Buenos Aires, Lib. Nacional. J. Lajouane y cía, Editores, 1911. 330, [1] p.

" Sobre el criollismo," p. 85-94. Paragraphs from a letter written by Rafael Obligado about *De cepa criolla,* with Leguizamón's reply.
" La cuna de Andrade," p. 111-27. Observations on Andrade's birthplace suggested by his poetic works, with recollections of the poet.
" El regionalismo literario," p. 131-56. Letters to Alfredo Parodié Mantero, Javier de Viana and Gustavo Caraballo in approval of their use of national themes. Favorable comments by Manuel J. Alier on Leguizamón's stand are also included.
" *La Australia Argentina,*" p. 159-67. Favorable criticism of this production by Roberto J. Payró.
" *Los gauchos judíos,*" p. 179-87. Analysis and favorable criticism of this work by Alberto Gerchunoff.
" El Fuerte de la Ensenada," p. 191-201. Comments on Manuel María Oliver's lecture dealing with the early days of this colonial fort.
" *El primer libro impreso en las Misiones,*" p. 229-41. States that Roberto R. Schuller was in error in stating that the *Instrucción práctica para ordenar la vida* (1713) by Antonio Garriga was the first book from the Misiones press.
" Nuestros orígenes literarios," p. 245-63. Rectification of certain statements in Chap. X of Mas y Pi's *Leopoldo Lugones y su obra.*
" Una poema de Lamberti [Urug.]," p. 279-86.

375. ——— *La cinta colorada. Notas y perfiles.* Buenos Aires, Cía. sud-americana de billetes de banco, 1916. 341 p.

" La obra de Barco Centenera," p. 171-80.
" Una fiesta literaria," p. 183-9. An article published in *La Nación,* Oct. 22, 1911, on the occasion of a literary tribute to Roberto J. Payró.
" Escritores de provincia. El Doctor Martín Ruiz Moreno," p. 193-202. Notes on his life and works.
" La tertulia de Casavalle," p. 205-13. An account of the informal meetings held in the bookshop of Casavalle in which Mitre, V. Fidel López, A. Lamas, Manuel Ricardo Trelles, V. G. Quesada, A. J. Carranza, A. Zinny and M. Pelliza participated.
" Una agachada de Ascasubi," p. 217-23. Anecdotes illustrating the gift of improvisation possessed by Estanislao del Campo and Ascasubi.
" Diego Fernández Espiro," p. 227-34. Personal recollections with observations on *Espejismos.*
" *Crónicas riojanas y catamarqueñas,*" p. 237-43. Analysis of this work of Salvador de la Colina.

" ¿Cuál es el valor del *Martín Fierro?*," p. 257-64. Reply to a circular letter sent out by *Nosotros*.
" Al margen de un prólogo. La indumentaria y el arma del gaucho." p. 283-307. Rectifications of statements made by Carlos O. Bunge in a speech delivered before the Faculty of Philosophy and Letters of the University of Buenos Aires and published as the introduction to *Martín Fierro* [" La Cultura Argentina "].

376. ———— El primer poeta criollo del Río de la Plata [Bartolomé Hidalgo]. *Rev. de la Univ.*, XXXV, 353-464.

El primer poeta . . . Noticia sobre su vida y su obra . . . Buenos Aires, Talleres gráficos del Ministerio de Agricultura de la Nación, 1917. 114, [1] p.

377. ———— La patria de Monteagudo. *Rev. de la Univ. de Córdoba*, Año IV, Vol. IV, 557-67.

378. ———— La leyenda de Lucía Miranda [Origin of *Siripo*]. Ibid. Año VI, Vol. I, 3-11.

379. Lehmann-Nitsche, Robert. *Folklore argentino. Santos Vega. Edición especial del tomo XXII del Boletín de la Academia Nacional de Ciencias de Córdoba.* Buenos Aires, Impr. de Coni hermanos, 1917. 436 p. Illus.

" Será objeto de la presente monografía: comprobar el origen castellano medieval de la leyenda de Santos Vega, según los pocos fragmentos del romance antiguo que se han conservado en territorio colonial; demostrar las nociones vagas sobre el personaje que se mantienen vivas en la tradición oral, y seguir las ramificaciones que el tema, tratado y modificado por poetas y escritores argentinos, ha hecho brotar en la literatura y en el folklore del país."
Contents:—El poema *A Santos Vega*, de Mitre (1838) ; Santos Vega en la literatura argentina (1838-1877) ; El poema *Santos Vega* de Obligado (1877, etc.) ; La novela *Santos Vega* de Gutiérrez (1880-1881) ; Los dramas *Santos Vega;* Santos Vega en la literatura argentina (época contemporánea) ; Investigaciones sobre la personalidad de Santos Vega.
Well documented and apparently an exhaustive study.

380. Levillier, Roberto. *Voces perdidas*, por Jorge Lavalle Cobo. *Rev. de D. H. y L.*, XXIX, 303-6.

381. ———— El aspecto moral de la obra del Señor Pablo Groussac. *Nosotros*, XXII, 285-303.

382. Linnig, Samuel. *Mas allá de la ley* por Camilo Muniagurria. *Nosotros*, VII, 306-9.

383. ———— *Canción de primavera*, por José de Maturana; *Un cuerpo*, por David Peña. *Ibid.* VII, 311-14.

384. ———— *Los equilibristas*, por Carlos M. Pacheco. *Ibid.* VIII, 67-70.

385. Livacich, Serafín. *Recordando el pasado. Historia argentina—Tradiciones argentinas—Biografías—Notas bibliográficas y literarias.* Buenos Aires, Talleres de la Casa Jacobo Peuser, 1909. VIII, 172 p.

" Bernado Monteagudo," p. 103-7.
" Mitre lector," p. 113-21.

386. Lizano Borda, Manuel. *Alberdi. 1810.* See Emilio Catalán.
387. López Buchardo, Próspero. La comedia argentina. *Est.* IX, 300-6.
388. López, Ernestina A. *¿Existe una literatura americana?* Tesis pre-

sentada para optar al grado de Doctora en Filosofía y Letras. Buenos Aires, Impr. Mariano Moreno, 1901. 333 p.

After introductory chapters dealing with aboriginal literature in America, the intellectual condition of the conquest, the colonial and the revolutionary period, the authoress gives a brief sketch of the literary production of each of the Spanish American countries, and closes with a study of the various elements which enter into it, coming to the conclusion that American literature *does* exist.

389. López, Heriberto [Chilean]. *Estudio biográfico sobre Fray Cayetano Rodríguez,* por Pacífico Otero. *Rev. Nacl.,* XXVIII, 368-72.

390. López, Lucio Vicente. El himno argentino. *Atl.* XIII, 69-86.

Cf. Gabriel Carrasco, *El himno nacional.* . . .

391. López, Vicente Fidel. Autobiografía. *Bibl.* I, 325-55.

392. Lugones, Leopoldo. *Historia de Sarmiento Mexía.* Buenos Aires, Otero y ca., impresores, MCMXI. 246, [3] p. Ports.
Historia de Sarmiento . . . Segunda edición. Hecha por el Consejo Nacional de Educación. 285, [1] p. Ports. [n. d.]

"Mi propósito es hacer un estudio del personaje, apreciando en su magnífica multiplicidad, semejante caso único del hombre de genio en nuestro país. La biografía propiamente dicha, pasa, pues, á segundo término. En cambio, adquieren grande importancia los detalles concernientes al hombre íntimo, más persistente, desde luego, que el hombre público, y fundamento sustantivo de este último á la vez. Y ello no sólo en lo que se refiere á sus rasgos personales, sino a sus cosas." Preface, p. 5.

393. ——— *El payador. Tomo primero. Hijo de la pampa.* Buenos Aires, Otero y cía. impresores, 1916. 265, [1] p.

"El objeto de este libro es, pues, definir bajo el mencionado aspecto la poesía épica, demostrar que nuestro *Martín Fierro* pertenece a ella, estudiarlo como tal, determinar simultáneamente por la naturaleza de sus elementos, la formación de la raza, y con ello formular, por último, el secreto de su destino." Prologue, p. 6.

394. ——— Juicio acerca de la novela . . . *El Triunfo del Siglo* por Isaac R. Pearson. See *Juicios acerca de la novela* . . .

395. Lugones, Manuel J. Teatro nacional. *La écharpe de Miss Silvia,* por Muniagurria; *Los que pasan,* por Evaristo Carriego. *Nosotros,* IX, 214-16.

396. ——— Teatro nacional. *El espanto,* por Faustino Trongé; *La santa,* por Eugenio Gerardo López; *La muerte de aquella noche,* por Roberto Cayol. *Ibid.* X, 214-19.

397. ——— *La novia de Zúpay,* por Carlos Schaefer Gallo; *Santos Vega,* por Luis Bayón Herrera. *Ibid.* X, 442-6.

398. ——— El teatro nacional en 1913. *Ibid.* XIII, 99-101.

399. Llambi, Carlos E. Noticias bibliográficas sobre los escritos publicados é inéditos de Carlos Octavio Bunge. *Nosotros,* XXIX, 430-5.

400. Machali Cazón, R. *Ensayos críticos y literarios.* Paris, Lib. española de Garnier hermanos, 1889. VIII, 209, [1] p.

"Salvador Mario," p. 1-7. General characteristics of his literary productions.
"Recuerdos de juegos florales de 1881," p. 23-41. Discussion of the subject

"Porvenir de la raza latina en América"; unfavorable criticism of the prize poem, *Atlántida*, by Andrade; general considerations of Oyuela's poem, *El Arte*, on the alternative subject; and brief discussion of some of the remarks made by Avellaneda at the close of the exercises.

"Literatura perniciosa," p. 48-56. In which the author argues that it is not the novels of E. Gutiérrez that are harmful but works like *Lluvia* and *Margarita* by Eduardo Wilde.

"*Desde el cielo* por Antonio Hurtado," p. 57-72. A critical analysis.

"Pedro Goyena, orador," p. 89-99. The most striking characteristics of his eloquence.

"*Arturo Sierra* por D. Julio Llanos," p. 100-107. Plot of the novel with a few paragraphs of criticism.

"Poeta é ingeniero," p. 108-18. Reminiscences and selections from the work of "Agenor L. Solar."

401. Magnasco, Osvaldo. Juicio crítico, p. 65-81 of *Juicios críticos sobre el ensayo de traducción del Infierno del Dante, por Bartolomé Mitre*. [Buenos Aires. Félix Lajouane, editor. 1891. 140 p.]

402. Mangel du Mesnil, E. Bartolomé Mitre; Hilario Ascasubi; Eusebio de Bedoya. See *Notoriedades del Plata*.

403. Manso de Naronha, Juana. Notes to *Cancionero Popular*. See *Cancionero* . . .

404. Mantilla, Manuel F. *Historia de San Martín*, por Bartolomé Mitre. *Rev. Nacl.*, IX, 193-306.

405. ———— Historia americana. Un trabajo [by P. P. Figueroa, Chilean] sobre *La Historia de San Martín* y análisis expositivo de ella. *Ibid.* XI, 210-62.

. The study by Figueroa is published in the same volume, p. 183-209.

406. ———— *Páginas históricas*. Buenos Aires, Impr. de Pablo E. Coni é hijos, 1890. 420, [1] p.

"Bartolomé Mitre [Boceto biográfico]," p. 157-98. Published in *La Tribuna* of Buenos Aires, June 13, 1883.

407. "M. A. R." Noticias biográficas. El Dr. Norberto Piñero. *Rev. de la Univ.*, I, 111-2.

408. Marasso Rocca, Arturo. *El Dr. Joaquín V. González. Comentarios y impresiones de sus obras literarias*.

Cited in *Nosotros*, XIX.

409. ———— Carlos Guido y Spano. *Nosotros*, XXX, 191-220.

410. Martínez, Alberto Julián. Juan Cruz Varela (Discurso). *Nosotros*, IV, 237-42.

411. Martínez, Benigno. Orígenes del periodismo argentino y español en el Río de la Plata. *Rev. de la Univ. de Córdoba*. Año VI, Nos. 4 and 5, 49-65.

412. Martínez, Felipe [Spaniard]. *Literatura argentina é hispano americana. Primera y segunda parte—único volumen*. Maucci hnos é hijos, editores, Buenos Aires. [n. d.]. 241, [1] p.

Pages 5-118 are devoted to Argentina.

413. Martínez, Gustavo A. *Los dos grumetes. Acusación y defensa.* Córdoba, Est. tip. La Italia de A. Biffegnandi, 1902. 72 p.

> A collection of the various contributions to this literary controversy.

414. Martínez, José María. Siluetas históricas. Esteban Echeverría, Mármol. *Mon. de la Educ. Común,* XXXIII, 491-4.

415. Martínez Paz, Enrique. Luis José de Tejeda. El primer poeta argentino. *Rev. de la Univ. de Córdoba,* Año IV, No. I, 107-35; No. II, 161-78.

> Also published as introduction to Tejeda, *Coronas líricas, prosa y verso* . . . [Córdoba, 1917. LV, 342, [1] p. Pl.]
> A study of the social and intellectual atmosphere of Córdoba in the seventeenth century, life of Tejeda, critical study of *Coronas líricas,* description of the manuscript and a bibliography.

416. ———— Carlos Octavio Bunge, Filósofo del derecho. *Nosotros,* XXIX, 384-96.

> Also published as introduction to Bunge, *Estudios filosóficos* . . . [" La Cultura Argentina," 1919. 255 p.].

417. Martínez, Teófilo. El Dr. Vélez Sarsfield. *Rev. de D. H. y L.,* XIX, 187-200.

418. ———— Sarmiento. *Ibid.* XXI, 563-95.

419. ———— *Contemporáneos ilustres (Argentinos). Primera serie.* Paris, Garnier hnos, libreros editores, 1910. XI, 330, [1] p.

> The public career of Bartolomé Mitre, Domingo F. Sarmiento, Dalmacio Vélez Sarsfield, Juan María Gutiérrez, Carlos Tejedor, Manuel Quintana, José María Moreno and Antonio E. Malaver.

420. Martínez Villada, Luis G. Datos para la biografía de D. Juan Crisóstomo Lafinur. *Rev. de la Univ. de Córdoba,* Año IV, No. III, 364-70.

421. ———— Notas sobre la cultura cordobesa en la época colonial. (Prólogo para el *Index Librorum Bibliotecae Colegii Maximi Cordubensis). Ibid.* Año VI, Nos. 9 and 10, 162-99.

422. Mas y Pi, Juan. Almafuerte (Primer capítulo de un ensayo crítico en preparación). *Nosotros,* I, 39-44.

423. ———— *Almafuerte.* Martín García. Buenos Aires, La Plata, 1907. 78 p.

> A study of the characteristics of Almafuerte's poetry, dealing especially with *La sombra de la Patria, El misionero,* and *Trémulo,* followed by brief remarks on his influence upon the literature of Spanish America.

424. ———— *Ideaciones. Letras de América: Ideas de Europa.* F. Granada y ca. editores, Barcelona, Maucci hermanos é hijos, Buenos Aires. [1908]. 190, [1] p.

> " La joven literatura hispano-americana," p. 9-14.
> " Roberto Payró," p. 15-27. Deals with *Marco Severi* and *El triunfo de los otros.*
> " Sobre Juan Facundo Quiroga," p. 34-9.
> " César Duayen," p. 40-57.

"Una evocación," p. 90-5. Concerns Juan Agustín García's *Memorias de un sacristán.*

425. ———— Enrique Banchs, *El libro de los elogios.* Nosotros, III, 294-307.

426. ———— Leopoldo Lugones y su obra. (*Estudio crítico*). Buenos Aires, "Renacimiento," 1911. 238, [1] p.

A study of the personality of Lugones and an extensive critical analysis of his work.

427. ———— Evaristo Carriego. *Nosotros,* IX, 52-4.
428. ———— La literatura nacional en 1913. *Ibid.* XIII, 93-8.
429. ———— Pedro B. Palacios. *Atl.,* XIII, 315-17.
430. ———— Un novelista de excepción, Eulogio R. de la Fuente. *Nosotros,* XIX, 29-56.
431. ———— *Alberto Ghiraldo.* Estab. Tip. de E. Malena, Buenos Aires, [n. d.]. 110, [1] p. Illus.

Brief notes on this author's personality followed by observations on his works

432. Matienzo, José Nicolás. Poesías de E. E. Rivarola. *Nueva Rev. de B. A.,* II, 654-68.

433. ———— Un nuevo libro poético, *Poesías* de Adolfo Mitre. *Ibid.* III, 613-23.

434. ———— El poeta Olegario V. Andrade. *Ibid.* VI, 288-324.

El poeta . . . Andrade. Buenos Aires, Impr. y Lib. de Mayo, 1882. 39 p.

Brief discussion of the poems of Andrade, numerous quotations, and defense of the poet against statements made by S. Estrada in *Miscelánea.*

435. ———— *Juan Bautista Alberdi. Conferencia dada en la Facultad de Filosofía y Letras de Buenos Aires* . . . Buenos Aires, Impr. Mongaut, 1910. 19 p.

Also published as introduction to Alberdi, *El crimen de la guerra* . . . ["La Cultura Argentina," 1915. 288 p.]

436. ———— Nicolás Avellaneda [Discurso]. *Rev. de la Univ.,* XX, 425-30.

437. ———— El pensamiento de Alberdi sobre política americana. *Rev. de Fil.,* III, 188 ff.

438. Mazo, Marcelo del. Evaristo Carriego. *Nosotros,* IX, 154-5.
439. M[edina], F[rancisco] J. Francisco Rodríguez del Busto, *Impresiones. Rev. de D. H. y L.,* XXII, 644-6.

440. Melián Lafinur, Álvaro. *Las chicas de Mamá Pacholi,* por Federico Mertens. *Nosotros,* VIII, 154-6.

441. ———— *El árbol que canta,* por Emilio Lascano Tegui. *Ibid.* VIII, 156-61.

Also published in *Literatura contemporánea.*

442. ———— *Blasón de plata,* por Ricardo Rojas. *Ibid.* VIII, 228-35.

Also published in *Literatura contemporánea.*

443. ———— *Nerón. Los suyos y su época*, por Luis Agote; *El espejo de la fuente*, por Rafael Alberto Arrieta; *Melpómene*, por Arturo Capdevila. *Ibid.* IX, 62-9.

<small>The first two of these studies were also published in *Literatura contemporánea.*</small>

444. ———— *La voz de la roca*, por Arturo H. Vásquez. *Ibid.* IX, 199-201.
445. ———— El año literario. *Ibid.* IX, 295-7.
446. ———— *Hombres é ideas educadores*, por Joaquín V. González; *La novela de Torcuato Méndez*, por Martín Aldao; *Camino de la montaña*, por Alfredo de Arteaga. *Ibid.* IX, 435-44.

<small>The first two of these studies were also published in *Literatura contemporánea.*</small>

447. ———— *El libro fiel*, por L. Lugones; *La leyenda del sol*, por Rómulo D. Cárbia; *Ritmos*, por Enrique E. Rivarola. *Ibid.* X, 79-85.

<small>The first of these studies was also published in *Literatura contemporánea.*</small>

448. ———— *La senda encantada*, por Belisario Roldán; *Solar guaraní*, por J. L. Fernández de la Puente. *Ibid.* X, 313-17.
449. ———— *Palingenesia*, por Oscar Tiberio. *Ibid.* X, 434-5.
450. ———— *Un libro saturniano*, por René Zapata Quesada. *Ibid.* XI, 191-2.
451. ———— *La inquietud humana*, por Francisco A. Sicardi; *Horas escritas*, por Eugenio Díaz Romero. *Ibid.* XI, 289-94.

<small>The first study was also printed in *Literatura contemporánea.*</small>

452. ———— Poesías de Evaristo Carriego. *Ibid.* XIII, 66-73.

<small>Also published in *Literatura contemporánea.*</small>

453. ———— *Aguas abajo*, por Eduardo Wilde; *El sayal de mi espíritu*, por Ernesto Morales; *La doble angustia*, por Arturo Vásquez Cey. *Ibid.* XVI, 185-90.
454. ———— *La maestra normal*, por M. Gálvez. *Ibid.* XVII, 95-100.

<small>Also published in *Literatura contemporánea.*</small>

455. ———— *La copa de oro*, por Luis María Jordán. *Ibid.* XVII, 100-1.
456. ———— *La Universidad de Tucumán*, por Ricardo Rojas; *La murmuración pasa*, por A. Duhau; *A la vera de mi senda*, por Emilio Berisso; *Trapalanda (La ciudad encantada)*, por Sara Montes de Oca. *Ibid.* XVIII, 213-19.

<small>The first of these articles was also published in *Literatura contemporánea.*</small>

457. ———— Nuestros hombres de letras. *El Dr. Joaquín V. González. Comentarios y impresiones de sus obras literarias*, por Arturo Marasso Rocca. *Ibid.* XIX, 80-1.
458. ———— *Estudios literarios*, por Calixto Oyuela. *Ibid.* XIX, 314-15.

<small>Also published in *Literatura contemporánea.*</small>

459. ———— Introduction to N. Avellaneda, *Escritos literarios*. [Buenos Aires. 1915.]

<small>The character of Avellaneda's writings, their style and the author's importance.</small>

460. ———— *La ruta del sol*, por "Pater" (Roberto G. Paterson); *Ensayo sobre Federico Nietzsche*, por Mariano Antonio Barrenechea; *El himno nacional*, por Arturo Giménez Pastor [Urug.]; *José Manuel Estrada*, por Mario Sáenz. *Nosotros*, XX, 299-312.

The first two of these studies were also published in *Literatura contemporánea*.

461. ———— *Influencia de Alberdi en la organización política del Estado Argentino*, por Santiago Baqué; *La sangría* (*novela*), por Raúl Ortega Belgrano. *Ibid.* XXII, 88-92.

462. ———— *Literatura contemporánea. Prólogo de Manuel Gálvez.* Buenos Aires, Sociedad Cooperativa Editorial Limitada, 1918. 288 p.

The prologue (p. 5-14) sets forth the characteristics and importance of Melián Lafinur's literary criticism.
" *Blasón de plata* [verse by R. Rojas]," p. 25-35.
" *La maestra normal* [novel by Manuel Gálvez]," p. 36-43.
" *La ruta del sol* [novel by Roberto G. Paterson]," p. 44-54.
" *Hombres é ideas educadores* [articles and speeches by Joaquín V. González]," p. 55-60.
" *El solar de la raza* [volume by Manuel Gálvez dealing with Spain]," p. 61-5.
" *La Argentinidad*," p. 66-70. Brief exposition of the principal ideas expressed by Rojas in this book.
" *La dulce patria* [by Arturo Capdevila]," p. 71-4.
" Un libro sobre Alberdi [Paul Groussac, *El desarrollo constitucional y Las Bases de Alberdi*]," p. 75-8.
" La Universidad de Tucumán," p. 79-81. Deals with three lectures given by Ricardo Rojas at this institution.
" *El libro fiel* [poems by L. Lugones]," p. 82-7.
" Las poesías de Evaristo Carriego," p. 88-99.
" *La inquietud humana* [poems by Francisco Sicardi]," p. 100-5.
" *El espejo de la fuente* [poetry by Rafael Alberto Arrieta]," p. 106-10.
" *El árbol que canta* [poetry by Emilio Lascano Tegui]," p. 111-16.
" *El limbo* [verse by "Dharma" (Joaquín Castellanos)]," p. 117-20.
" *Los atormentados* [novel by Luis María Jordán]," p. 118-25.
" La novela de Torquato Méndez [by Martín Aldao]," p. 126-30.
" *Nerón. Los suyos y su época* [by Luis Agote]," p. 131-4.
" *Ensayo sobre Federico Nietzsche* [by M. A. Barrenechea]," p. 135-39.
" *Estudios literarios* [by Calixto Oyuela]," p. 140-2.
" Carlos Guido y Spano," p. 143-8.
" Angel de Estrada (hijo). A propósito de *Las tres gracias*," p. 149-52.
" Lucio V. Mansilla," p. 153-4.
" Eduardo Wilde," p. 155-7.
" José María Ramos Mejía," p. 158-60.
" Adolfo Saldías," p. 161-3.
" Almafuerte," p. 164-8.

463. ———— Introd. to Bernardo Monteagudo, *Escritos políticos* . . . [" La Cultura Argentina," 1916. 7-21, 3 l., 25-380 p.]

464. ———— Introd. to Evaristo Carriego, *Misas herejes* . . . [" La Cultura Argentina," 1917. 7-18, 2 l., 21-254 p.]

This introduction is the article, " Poesías de . . . ," which appeared in *Literatura contemporánea*.

465. Méndez, Evar. Ensayo crítico sobre Andrade. Introd. to Andrade, *Obras poéticas* . . . [" La Cultura Argentina," 1915. 7-31, 39-249 p.]

Sumario: I. Introducción. II. La vida de Andrade y su época. III. Nuestra literatura después de Andrade. IV. Andrade y Hugo. V. El espíritu de Andrade y su obra. VI. Conclusión.

466. ——— Introd. to Agustín Alvarez, *Manual de patología política* . . . ["La Cultura Argentina," 1916. 7-27, 3 l., 31-383, [1] p.]

    Sumario: El 'self made man.'—Fisonomía moral de su vida y su obra.—El ejemplo anglo-sajón.—El moralista.—Su carácter.—Cronología de su vida.—Sus obras.—Su método de trabajo.—Su estilo.—El *Manual* . . . —Un maestro.

467. Mendioroz, Alberto. *Almafuerte*. La Plata, 1918.

    "No se trata de un juicio amplio definitivo sobre el ilustre poeta; pero contiene muchos oportunos y claros puntos de vista, . . . " Giusti, *Nosotros*, XXIX, 554.

468. ——— Guido y Spano. *Nosotros*, XXX, 335-6.
469. Mercante, Víctor. Sarmiento en la educación primaria. *Mon. de la Educ. Común*, XXXVI, 248-62.
470. Mitre, Bartolomé.[1] *Estudios sobre la vida y escritos de José Rivera Indarte*. Buenos Aires, Impr. de Mayo, 1853. LXXXV p.

    The introductory pages deal with the political and social situation of Argentina in the early nineteenth century. This is followed by a biography of Rivera Indarte, an account of his political writings, and a study of the man as economist, poet and critic.
    This work appeared as introduction to the volume, *Poesías de José Rivera Indarte* . . . [Buenos Aires. Impr. de Mayo. 1853. LXXXV, 2 l., 406, [4] p.]

471. ——— Bibliografía de las obras de Echeverría. See Echeverría, *Obras* . . . V.
472. ——— Letras americanas. *Bibl.*, IV, 61-77.
473. ——— Notes to the *Cancionero popular*. See *Cancionero* . . .
474. ——— Algo sobre literatura americana. (Con notas de E. S. Zeballos). *Rev. de D. H. y L.*, XXVI, 201-35.
Molina Arrotea, Carlos. See *Diccionario biográfico*.
475. Molinari, Diego Luis. Groussac y el método. *Nosotros*, XXIII, 257-67.
476. M[olla] V[illanueva], M[ariano]. Alberto Ghiraldo, *Música prohibida*. *Rev. de D. H. y L.*, XX, 489-91.
477. Monner Sanz, José M. *La Maestra Normal de Gálvez. Breves anotaciones críticas. De la Revista del Centro de Estudiantes de Derecho. No. 51.* Buenos Aires, Impr. Escoffier Caracciolo y cía, 1915. 18 p.

    Plot of the novel and a critical analysis.

478. Montagne, Edmundo. Poema de un autor chileno atribuído a Olegario V. Andrade [*La Creación*, por Luis Rodríguez Velasco]. *Est.*, VII, 97-101.

---

[1] Nos. I and II, Jan. and Feb., of Vol. XLI, *Revista Nacional*, are devoted to Mitre: speeches delivered at the funeral by Estanislao Zeballos, José Juan Biedma, and Pedro P. Palacios; bibliography, "hoja de servicios," etc.

479. Moreau, Alicia. Agustín Álvarez y *La creación del mundo moral*. *Rev. de Fil.*, I, 416-25.
480. Mota, Arturo E. de la. Introd. to Agustín Álvarez, *La transformación de las razas en América* . . . ["La Cultura Argentina," 1918. 1 p. l., 9-29, 3 l., 33-226 p.]

   Summary. I. Álvarez y la hora actual. II. El hombre y la obra. III. El escritor. IV. La cuestión religiosa. V. El educador.

481. Muñoz Cabrera, Agustín. Monteagudo y su primer biógrafo Juan Ramón Muñoz Cabrera. *Rev. de D. H. y L.*, LVIII, 463-76.

   This study deals with the *Vida y escritos de D. Bernardo Monteagudo* . . . [Valparaíso. Impr. y lib. del Mercurio de S. Tornero y Ca. 1859. 129 p.]

482. Muzzio Sáenz-Peña, Carlos. Introd. to Ricardo Gutiérrez, *Poesías líricas* . . . ["La Cultura Argentina," 1916. 11-21, 3 l., 25-231 p.]

   Character of the man as shown by his life and works.

483. ———— Prologue to José Mármol, *Armonías* . . . ["La Cultura Argentina," 1917. 7-16, 2 l., [19]-243 p.]

   Brief discussion of Mármol's poetic personality with a few biographical facts.

Navarro Viola, Alberto. See *Anuario Bibliog.* . . .

484. Navarro Viola, Miguel. El orador de Catamarca [Mamerto Esquiú]. *El Plata*, I, 203-9.
485. ———— *Lucía de Miranda*. Drama histórico en cinco actos y en verso, por Miguel Ortega. *Rev. de B. A.*, IV, 449-54.
486. ———— La misión de la poesía. A propósito de la obra intitulada *Poesías de Estanislao del Campo*, precedidas de una introducción por el poeta argentino don José Mármol (inédito). *Ibid.* XXI, 470-80, 607-44.
487. Noé, Julio. *Visión de paz y Calidoscopio*, por Ángel de Estrada (hijo). *Nosotros*, VI, 164-6.
488. ———— *Divertidas aventuras del nieto de Juan Moreira*, por Roberto J. Payró. *Ibid.* VI, 407-10.
489. ———— Los últimos estrenos [*Las murallas de Jericó*, por Pedro Benjamín Aquino; *Guerra sin sangre*, por Miguel Roquendo: *La dote*, por Alfredo Duhau; *El mozo de suerte*, por Belisario Roldán]. *Ibid.* XIX, 329-35.
490. ———— Teatro nacional. *Los cimientos de la dicha*, por Emilio Berisso; *El distinguido ciudadano*, por José Antonio Saldías y Raúl Casariego. *Ibid.* XX, 87-9.
491. ———— *En los jardines del convento*, por Juan Agustín García; *Revelaciones de un manuscrito*, novela por Carlos M. Urien; *Los caranchos de la Florida*, por Benito Lynch; *Evangelio rebelde*, por Alcides Greca. *Ibid.* XXII, 184-91.
492. ———— *Psicología de Sarmiento*, por Nerio A. Rojas. *Ibid.* XXII, 306-8.
493. ———— *Los desorbitados*, novela de José María Cantilo; *La cinta*

colorada, por M. Leguizamón; Noticia preliminar al *Peregrino en Babilonia y otros poemas,* de don Luis de Tejeda [by Ricardo Rojas]. *Ibid.* XXIII, 207-11.

494. ———— *Las veladas de Ramadín,* por Carlos Muzzio Sáenz-Peña; Leopoldo Lugones, *El payador. Tomo I. Hijo de la pampa; La casa de los cuervos,* por G. Martínez Zuviría; *La sombra de Satán,* por S. Alejandro Taborda. *Ibid.* XXIV, 90-7.

495. ———— *El pájaro sin alas,* por Alberto Tena; *La vida múltiple,* por M. Gálvez. *Ibid.* XXIV, 260-3.

496. ———— Ángel de Estrada (hijo). *Ibid.* XXVII, 145-59.

497. ———— *Gris,* poesías de Pedro Miguel Obligado. *Ibid.* XXVII, 510-13.

498. ———— Sarmiento viajero. *Rev. de Fil.,* VII, 408-18.

499. *Nosotros.* Segunda encuesta. ¿Cuál es el valor del *Martín Fierro?*

> Replies from M. Leguizamón, E. de Vedia, R. Rivarola, M. Gálvez and J. Mas y Pi. Vol. X, 425-33.
> Replies from M. Ugarte, Alejandro Korn, Hugo de Achával, E. Montagne and Emilio Lascano Tegui. Vol. XI, 74-89.
> Reply from E. Alonso Criado. Vol. XII, 59-77.

500. ———— Vol. XXX. October number, 1918, is devoted to Carlos Guido y Spano.

501. *Notoriedades del Plata.* Buenos Aires, 1862. v. p. Ports.

> "Bartolomé Mitre," by E. Mangel du Mesnil, 12 p.; "Hilario Ascasubi," 12 p. and *La Madrugada,* by Mangel du Mesnil; "Magariños Cervantes [Urug.]" by Heraclio C. Fajardo, 12 p.; "Luis L. Domínguez," [no author given], 7 p.; "Juan Carlos Gómez [Urug.]" 7 p. and "Héctor Florencio Varela," by Heraclio C. Fajardo, 12 p.; "Marcos Sastre," by A. Magariños Cervantes [Urug.], 15 p.; "Eusebio de Bedoya," by E. Mangel du Mesnil, 10 p.; "Ignacio Manzoni [Italian painter]" by Mangel du Mesnil, 8 p.

502. Obligado, Pedro Miguel. *La maestra normal.* Open letter to Manuel Gálvez. *Nosotros,* XVIII, 314-16.

503. Olivera, Carlos. *Vida literaria.* Buenos Aires, Editor: Juan Roldán, Lib. de la Facultad, 1910. 175, [1] p.

> "Magnasco, orador," p. 81-5. A study of Osvaldo Magnasco's peculiar style of expression.
> "Historias," p. 87-90. Eulogy of the poetry of J. González.
> "El Doctor Pera," p. 91-3. Characteristics of his oratory.
> "José S. Álvarez," p. 95-9. Brief discussion and favorable comment of *El país de los matreros* and *Croquis fueguinos.*
> "Carlos F. Melo," p. 101-3. Eulogy of the book of verse *Neurastenia.*
> "Recuerdos de la tierra," p. 105-8. Impressions, favorable and otherwise, of this volume by Leguizamón.
> "Tres repiques," p. 167 ff. Reflections on education inspired by this volume of Agustín Álvarez.

504. Olivera, Eduardo. Noticia biográfica del doctor Nicolás Avellaneda. *Rev. de D. H. y L.,* XXXVI, 297-305.

505. Olivera, Ricardo. Miguel Cané. Su generación. Su actuación en la vida pública. Sus obras literarias. Sus tendencias. *Est.,* II, 82-8.

506. Orgaz, Raúl. Echeverría y su doctrina. *Rev. de la Univ. de Córdoba*. Año III, No. III, 254-64.
507. Otero, Pacífico. Frai Cayetano José Rodríguez, 1761-1823. *Rev. Nacl.*, XXIV, 292-302, 373-84; XXV, 15-21, 80-90, 177-88, 229-40, 316-25, 373-77; XVI, 21-6, 95-100, 191-8, 257-68.

See *Estudio biográfico* . . .

508. ———— Las poesías de Fray Cayetano y la musa patriótica de la revolución. *Ibid*. XXIX, 402-7.
509. ———— *Estudio biográfico sobre Fray Cayetano Rodríguez y recopilación de sus producciones literarias. Precedido de un juicio crítico de Don Alberto del Solar.* Córdoba, Est. tip. La Velocidad de F. Domenici, 1899. IX, 238 p.

The "Juicio crítico" contains little else than a general outline and eulogy of the work of Otero.
The biography (p. 3-89) was first published in the *Revista Nacional* and printed here with slight modifications.

510. ———— *El padre Castañeda. Su obra ante la posteridad y la historia.* Buenos Aires, Cabaut y cía. editores, Lib. del Colegio, 1907. IX, 134 p.

Contents: Primera parte. El hombre. I. El padre Castañeda luchador. Si luchó con altura ó perjudicando su carácter. II. Psicología del periodista. Por motivos muy nobles y no vulgares militó en la prensa. III. Su literatura. Rasgos y naturalismo que caracteriza su libro. IV. No es un temperamento sino un carácter. Para la juventud es todo un ejemplo."
"Segunda parte. Su obra. I. El padre . . . y el dibujo. II. El padre . . . y la *Asociación de Alumbrados*. III. El padre . . . y la tolerancia. IV. El padre . . . en Santa Fé. V. El padre . . . en Paraná. VI. Bibliografía periodística del padre . . . Voto final.

511. Oyuela, Calixto. La cruz de la falta, por Carlos María Ocantos. *Rev. Cient. y Lit.*, I, 62-4.
512. ———— Alberto Navarro Viola: *Versos. Ibid.* I, 93-6.
513. ———— *Carta á Rafael Obligado.* Buenos Aires, Martín Biedma, editor, 1885. 48 p.

Also published in *Estudios y artículos* . . .

514. ———— *Estudios y artículos literarios.* Buenos Aires, Impr. de Pablo E. Coni é hijos, 1889. VI, 1 l., 600 p.

Thirty-two articles dealing for the most part with Spanish and French literature.
"Carta á Rafael Obligado sobre sus poesías," p. 1-34. Argues that Echeverría derived his inspiration from French romanticism and that Obligado is the only Argentine poet since his time who has not been dominated by French influence. Stating that Obligado conceives art in the Greek manner, Oyuela then discusses the characteristics of his poetry.
"Carlos Guido y Spano," p. 115-19. A prose poem on the Muse of Guido y Spano.
"*Versos, baladas y nocturnos* por Alberto Navarro Viola," p. 515-24. Unfavorable judgment of Navarro Viola's earlier poems and brief study of this volume.
"Letras americanas," p. 549-62. Letter to Bartolomé Mitre commenting on

an open letter on American literature published by him in *La Nación*. This he judges too severe and points out numerous South American writers whose productions can be classed as real literature.

515. ——— Estudios literarios. *Anal. de la Acad. de F. y L.*, IV, 3-362 + Ind.

Estudios literarios. De los Anales de la Academia de Filosofía y Letras, Tomo IV. Buenos Aires, Impr. de Coni hermanos, 1915. 362 p, [1] p.

"Del espíritu nacional en la lengua y en la literatura. (Conferencia dada en el Colegio Nacional Norte, el 21 de Setiembre de 1903.)" p. 165-88. Mentions the importance of the study of grammar, censures the tendency to consider the speech of Argentina as a new language in process of development, defines "natural character" in literature, points out the tendency of Argentine playwrights to restrict their themes to plays of the *gaucho* type and enumerates the elements necessary for true national art.

"Domingo D. Martinto. Prólogo á sus pcesías," p. 189-206. His poetic qualities and the individual characteristics of certain of his poems.

"*Poesías de Rafael Obligado. Segunda edición . . . ,*" p. 232-40. General considerations of the author and his works, with special reference to those included in this edition and not in the first.

"Osvaldo Magnasco," p. 225-65. Brief discussion of early translators of Horace and unfavorable criticism of three odes translated by Magnasco.

"Sobre *Belkiss*," p. 266-70. Open letter to the author of this book, Luis Berisso, to the effect that the work "no es nada más que un aborto simbólico."

"José Manuel Estrada," p. 278-80. A funeral oration defining his personality.

"*Escenas y perfiles*," p. 294-6. Open letter to Martín Aldao, the author, giving brief critical analysis of the above book.

"El criollismo de Obligado," p. 297-305. In this article Oyuela points out that this quality is not the dominant note in Obligado but that his poems are really closely connected with Spanish literary tradition.

"*Mecha Iturbe*. Novela por César Duayen," p. 306-11. Critical observations on *Stella*, the first novel of this author, followed by a critical analysis and unfavorable judgment of *Mecha Iturbe*.

516. ——— *Antología poética hispano-americana. Con notas biográficas y críticas. Tomo primero.* Buenos Aires, Ángel Estrada y cía. editores, 1919. XXI, 545 p.

Argentine writers naturally receive more ample discussion in the critical and biographical notes. The following are included in this volume: Luis de Tejeda, p. 451-65; Manuel de Lavardén, p. 473-7; Bartolomé Hidalgo, p. 515-31; José Antonio Miralla, p. 532-4; and, Juan Cruz Varela, p. 534-45.

Antología . . . Tomo segundo (Primer volumen). 1919. X, 482, LXXXIX p.

Antología . . . Tomo segundo (Segundo volumen). 1919. VIII, 991 p.

Esteban Echeverría, p. 854-60; Florencio Balcarce, p. 861-4; Juan María Gutiérrez, p. 864-7; José Mármol, p. 868-908; and Ventura de la Vega, p. 908-912.

517. Oyuela, Ignacio. El General Mitre. Su generosidad. Como formó La Nación. *Rev. de D. H. y L.*, XXV, 255-60.

518. Pagano, José León. *Como estrenan los autores (Crónicas de teatro).* F. Granada y ca. editores, Barcelona, Maucci hnos. é hijos, Buenos Aires, México. [n. d.] 190 p.

The majority of these articles were written for the *Nación* of Buenos Aires. "*Marco Severi* [drama by Roberto Payró]," p. 19-23. The article is dated July 18, 1905.
"*Alma Gaucha* [drama by Alberto Ghiraldo]," p. 85-9. Dated Dec. 29, 1906.
"*Facundo* [historical drama by David Peña]." p. 99-106. Dated Dec. 13, 1906.
"El año dramático," p. 178-90. Dated Jan. 1, 1908.

519. Palacios, Alfredo L. Carlos Guido y Spano. [Discurso]. *Nosotros*, XXX, 222-35.
520. Palomeque, Alberto. *Historia de la diplomacia norte-americana*, por Martín García Mérou. Juicio crítico. *Est.*, IX, 113-60.
521. Pardo, José. Alberto Ghiraldo. Su obra. *Rev. Nacl.*, XXVI, 287-94.
522. Payró, Roberto J. Algunos apuntes sobre la crítica y la producción intelectual. *Rev. de D. H. y L.*, X, 266-74.
523. ———— Carlos Guido y Spano. *Ibid.* XII, 5-7.
524. ———— Introd. to Miguel Cané, *Discursos*. See Cané.
525. Pelliza, Mariano A.[1] *Alberdi. Su vida y sus escritos.* Buenos Aires, Carlos Casavalle, editor, Impr. y Lib. de Mayo, 1874. 404, [1] p. Port.
526. ———— *Crítica y bocetos históricos.* Buenos Aires, Impr. y lib. de Mayo, 1879. 350 p.

"Mariano Moreno—Camilo Enríquez," p. 31-4. Biographical.
"Vicente López y Planes," p. 41-8. Biography.
"José Mármol," p. 49-58. Largely biography.
"Juan C. Lafinur," p. 101-5. Brief notes on his life and the character of his work.
"Juan María Gutiérrez considerado como poeta. Refutación á B. Vicuña Mackenna," p. 201-16. Provoked by a statement by Vicuña Mackenna that Gutiérrez was not a poet, Pelliza attempts to prove the contrary and sets forth the poetic qualities of Gutiérrez and quotes selections from his poetry.

527. ———— *Monteagudo. Su vida y escritos. Tomo primero (1785-1815).* Buenos Aires, Carlos Casavalle, editor, Impr. y lib. de Mayo, 1880. 352 p. Port.
Monteagudo . . . Tomo segundo (1816-1825). Buenos Aires . . . 1880. 338 p.

A biography with little critical judgment of Moneagudo's works.

528. Peña, David. Juan Facundo Quiroga. Origen del *Facundo*. *Rev. de D. H. y L.*, XXIV, 498-513.
529. ———— Tentativas dramáticas. Autobiografía. *Ibid.* XXVI, 471-86.
530. ———— Prologue to *Alberdi. 1810.* See Emilio Catalán, *Alberdi.*
531. ———— Nuestros colaboradores. Portraits and biographical sketches of the following men were published in *Atlántida*.

---

[1] *In Memoriam. Mariano A. Pelliza. 25 Septiembre 1837—11 Agosto 1902.* Buenos Aires, Impr. de Juan A. Alsina, 1902. 64 p. Port.

Judgments of his work by various writers, an account of the funeral, press notices, etc.

Vol. I. Vicente F. López, Nicolás Avellaneda, p. 155-7; Ricardo Rojas, Domingo F. Sarmiento, p. 311-12; Gregorio Funes, p. 313-14; Vicente G. Quesada, p. 475-6; Mario Bravo, p. 478.
Vol. II. Carlos Tejedor, p. 154-9; José Ingenieros, Ernesto Quesada, Gustavo Caraballo, p. 317-20; Bartolomé Mitre, p. 470-3; Ricardo del Campo, p. 478.
Vol. III. Miguel Ángel Garmendia, p. 157; Juan B. Alberdi, p. 314-19.
Vol. IV. Dalmacio Vélez Sarsfield, p. 152-7; Ricardo Levene, p. 318; Adolfo P. Carranza, p. 319; José Ignacio Garmendia, Manuel Gálvez (hijo), p. 468-70; Adolfo Saldías, p. 472-3.
Vol. V. Pastor S. Obligado, p. 152; Angel Justiano Carranza, p. 316-18; Carlos M. Urien, p. 318-19.
Vol. VI. Enrique Martínez Paz, R. F. Giusti, Enrique Banchs, p. 155-9; Pedro I. Caraffa, Federico Mertens, p. 318-20; Raúl A. Orgaz, p. 459-60; Arturo H. Vásquez, p. 462.
Vol. IX. Tomás Baty, p. 154-5.
Vol. X. Alfredo Zimmerman Saavedra, p. 156; Juan María Gutiérrez, Alberto Gerchunoff, p. 314-17; Carlos Octavio Bunge, Antonio Herrero, p. 475-8.
Vol. XI. Dardo Corvalán Mendilaharsu, p. 160; Luis María Jordán, p. 319-20.
Vol. XII. Antonio Aita, p. 144.
Vol. XIII. Lucio V. López, María Velasco y Arias, p. 155-8.

532. ———— Defensa de Alberdi. *Atl.*, IV, 161-202.
533. ———— Carlos Tejedor. *Nosotros*, XIII, 5-11.
534. ———— Elogio de Avellaneda. *Ibid.* XXVII, 14-44.
535. ———— Alberdi, Sarmiento y Mitre. *Rev. de Fil.*, VIII, 321-65; IX, 161-86, 332-57.
536. ———— Vicente Fidel López. *Nosotros*, XXXIV, 284-99.

Supplements López' *Autobiografía* (unfinished) which appeared in *La Biblioteca,* I, 325-55.

537. Peña, Enrique. El Padre Luis de Miranda. *Rev. de D. H. y L.*, XXIV, 514-18.
538. Pereyra, Carlos. Un libro misterioso por un autor que se oculta [*En el limbo del Plata*, por "Dharma"]. *Rev. de D. H. y L.*, LVI, 78-82.
539. Pesenti, Víctor R. Juan María Gutiérrez. Extracto de la conferencia pronunciada ... en el Colegio Nacional de Rosario. *Rev. de D. H. y L.*, XXXIII, 415-24.
540. Pillada, José Antonio. *Diccionario biográfico argentino.* See José Juan Biedma, *Diccionario* ...
541. Piñero, Juan S. Rosas y su tiempo, por José M. Ramos Mejía. *Rev. de D. H. y L.*, XXIX, 474-9.
542. Piñero, Norberto. Prologue to Mariano Moreno, *Escritos* ... Biblioteca del Ateneo. Tomo I. [Buenos Aires, Impr. de P. Coni é hijos. 1896. CXLI, 581 p.]

An account of the political situation in Argentina at the time of the revolution, dealing especially with Moreno's participation in this movement.

543. ———— *Los escritos de Moreno y la crítica del señor Groussac.* Buenos Aires, Félix Lajouane, editor, 1897. 105 p.

Reply to article by Groussac [*La Biblioteca*, I, 121-60] criticising the collection, *Escritos de ... Moreno*.

544. ———— Prologue to Mariano Moreno, *Escritos políticos y económicos* ... ["La Cultura Argentina," 1915. 7 p.l., 9-62, 2 l., 65-370.]
   An account of Moreno's public life and the times in which he lived.
545. ———— Introduction to Miguel Cané, *Ensayos*, 1919 edition. See Cané.
546. Ponce, Aníbal Norberto. La obra literaria de Lucio V. Mansilla. *Nosotros*, XXX, 5-38.
547. Posse, Alfredo Ardonio. El himno nacional argentino. Estudio de su letra y de su música. *Mon. de la Educ. Común*, XXXII, 258-317.
548. Pozuelo, Claudio R. Juicio ... de ... *El Triunfo del Siglo* por Isaac R. Pearson. See *Juicio* ...
549. Puig, Juan de la Cruz. *Crítica literaria. Stella, novela escrita por César Duayen*. Buenos Aires, Impr. M. Biedma é hijo, 1906: 44 p.
550. ———— *Antología de poetas argentinos*. Buenos Aires. Editores: Martín Biedma é hijo. Año del Centenario, 1910. 10 v.

   Tomo I. La Colonia. Biographies of Juan Manuel Fernández de Agüero, José Gabriel Ocampo, Juan Baltasar Maziel, José Prego de Oliver, Pantaleón Rivarola, Manuel Medrano, Domingo de Azcuénaga, Miguel de Belgrano, Manuel Pardo de Andrade.
   Tomo II. La Revolución. Biographies of Manuel José de Lavardén, Vicente López y Planes, Esteban de Luca, Juan Ramón Rojas and Eusebio Valdenegro y Leal.
   Tomo III. Paz y Libertad. Biographies of Juan Crisóstomo Lafinur and Juan Cruz Varela.
   Tomo IV. Patria y Honor. Lives of Fray Cayetano Rodríguez, José Agustín Molina, José Antonio Miralla, Juan Gualberto Godoy, Bernardo Vera y Pintado, and Bartolomé Muñoz.
   Tomo V. La Sociedad de Mayo. Biographies of Esteban Echeverría, Marco Avellaneda, Florencio Varela, Florencio Balcarce, Luis L. Domínguez, José María Cantilo.
   Tomo VI. El Clamor de los Bardos. Biographies of José Rivera Indarte, José Mármol and Claudio Mamerto Cuenca.
   Tomo VII. Nueva Alborada. Lives of Ventura de la Vega, Gabriel Real de Azúa, Bartolomé Mitre, Juan María Gutiérrez and Ricardo Gutiérrez.
   Tomo VIII. Laúdes y Guitarras. Life of José María Zuviría and brief notes on Hilario Ascasubi, Estanislao del Campo, José Hernández and Jorge M. Mitre.
   Tomo IX. Lira Argentina. Lives of Olegario V. Andrade, Carlos Encina, A. Lamarque, Domingo D. Martinto, Luis N. Palma, Martín García Mérou, Adán Quiroga and Ramón Oliver.
   Tomo X. Auroras y Ocasos. Biographies of Carlos Guido y Spano, Rafael Obligado, Calixta Oyuela, Martín Coronado, Joaquín Castellanos, Enrique E. Rivarola, Leopoldo Díaz, Leopoldo Lugones and Pedro Palacios.

551. Quesada, Ernesto. La bibliografía argentina. El Dr. Alberto Navarro Viola, Sus *Anuarios bibliográficos*. *Nueva Rev. de B. A.*, III, 258-78.
552. ———— La literatura argentina. Breve revista crítica de los últimos publicaciones. *Ibid.* IV, 502-20.
553. ———— Los juegos florales en Buenos Aires. *Ibid.* V, 533-48.
   Also published in *Reseñas* ...
554. ———— La crítica bibliográfica argentina. (Con motivo de la pub-

licación del *Tomo III* del *Anuario* del Dr. Alberto Navarro Viola. *Ibid.* V, 573-99.

555. ——— Escuelas y teorías literarias. El clasicismo y el romanticismo. (A proposito de la polémica Oyuela-Obligado). *Ibid.* VII, 486-500.

Also published in *Reseñas* . . .

556. ——— La novela del Sr. [Carlos María] Ocantos. *La cruz de la falta. Ibid.* VIII, 659-68.

557. ——— El periodismo argentino, 1877-1883. *Ibid.* IX, 72-101, 425-47.

558. ——— Un libro de Cané. *En viaje. Ibid.* X, 268-300.

Also published in *Reseñas* . . . and as an introduction to Cané, *En viaje*, " La Cultura Argentina," 1917.

559. ——— Martín García Mérou. Sus *Estudios literarios. Ibid.* X, 467-77.

Also published in *Reseñas* . . .

560. ——— Adolfo Mitre. Sus poesías. *Rev. Nacl.*, IV, 55-78.

Also published in *Reseñas* . . .

561. ——— Dos novelas sociológicas [*Quilito*, por Carlos María Ocantos. *La Bolsa (Estudio social)*, por Julián Martel]. *Ibid.* XIV, 100-51. *Dos novelas* . . . Impr. Lit. y Enc. de Jacobo Peuser, Buenos Aires. La Plata, Rosario, 1892. 223 p.

In this study Quesada deals mainly with the economic conditions produced in various countries by speculation, and in this connection tries to determine whether the two novels mentioned above present an accurate picture of similar crises in Argentina.

The Appendix (p. 185-223) contains a report on the regulation of stock exchange operations drawn up by E. Quesada as member of a special commission appointed *ad hoc.*

562. ——— *Reseñas y críticas.* Buenos Aires, Félix Lajouane, editor, 1893. 529 p.

" El Congreso Literario Latino-Americano y el americanismo," p. 11-40.

" Las universidades argentinas. Su constitución orgánica," p. 41-88.

" Escuelas y teorías literarias. El clasicismo y el romanticismo," p. 89-117. Discussion of two types of romanticism, that of Hugo and that of Musset, the baneful influence of the latter, tendencies in Argentine literature toward romanticism and toward classicism, and a definition of true classicism.

" El movimiento intelectual argentino. Revistas y periódicos," p. 119-41. The lack of readers of national works; absence of literary criticism in daily papers; necessity of inculcating in the public an appreciation of letters by means of sane criticism in magazines; two classes of magazines published in Buenos Aires, organs of technical societies and magazines published by private groups; ignorance in Buenos Aires of what is written outside the capital.

" Los juegos florales en Buenos Aires," p. 143-61. After introductory paragraphs on the floral games of the middle ages, Quesada gives an account of those held in Buenos Aires in October, 1882, quotes the poem which won first award— *Eros*, by Calixto Oyuela, discusses the good effects of these contests and mentions well known poets who did not take part in this contest.

"El libro de [Carlos] Monsalve (*Juvenilia*)," p. 163-79. Mention of some earlier Argentine novels of importance, discussion of the first part of *Juvenilia*, possible foreign influences and the author's tendency toward the psychological novel, and closes with arguments for the cultivation of the novel of customs in Argentina.

"Un libro de [Miguel] Cané (*En viaje*, 1881-1882)," p. 181-216. Synopsis of the book and examination of its contents.

"Martín García Mérou. Sus *Estudios literarios*," p. 217-35. Poetic qualities of García Mérou, content of this volume, different types of literary criticism, observations on the characteristics of the *Estudios* and on the prose style of its author.

"Adolfo Mitre. Sus poesías," p. 237-76. An analysis of Mitre's personality, discussion of the volume, *Poesías*, the atmosphere in which the author lived, and general characteristics of his poetry.

"Una novela argentina (Carlos María Ocantos, *León Saldívar*)," p. 277-326. Gives a synopsis of the plot, points out the exactitude of the descriptions and pictures of customs, and analyses the characters of the novel, intercalating two extensive and interesting descriptions—one of night life in Buenos Aires and another of Buenos Aires in summer.

"Un publicista argentino en Europa," p. 451-81. Deals with C. Calvo, writer on law topics.

563. ———— ¿Tiene razón M. Ebelot? Las letras argentinas y la crítica. *Rev. Nacl.*, XIX, 55-60.

564. ———— Las letras argentinas y la cuestión del dinero. *Ibid.* XIX, 247-63.

565. ———— El criollismo en la literatura argentina. *Est.*, III, 251-322, 396-453.

El criollismo . . . Buenos Aires, Impr. y casa edit. de Coni hermanos, 1902. 131 p.

Origin of the *gaucho*, early writers in the *gaucho* style, its leading representatives, modern survival of the tradition, modern *criollismo*, the poetry of Soto y Calvo, tendencies of other writers, and general conclusions.

566. ———— Manuel F. Mantilla. *Anal. de La Acad. de F. y L.*, II, 281-307.

567. ———— Introd. to D. F. Sarmiento, *Argirópolis* . . . [Buenos Aires, "La Cultura Argentina," 1916. 9-31, 1 l., 33-196 p.]

A speech delivered before the Faculty of Philosophy and Letters on the occasion of the centenary of Sarmiento's birth. Characterization of the man and discussion of his interest in education.

568. ———— Un hombre de letras argentino. Ángel de Estrada. *Nosotros*, XXV, 455-70.

Un hombre de letras . . . Buenos Aires, Sociedad . . . "Nosotros," 1917. 20, [3] p.

Discussion of the literary qualities of Estrada, dealing especially with *Las tres gracias*, a novel published in 1916.

569. ———— Avellaneda irónico. *Nosotros*, XXVI, 393-404.

Avellaneda . . . Buenos Aires, Sociedad . . . "Nosotros," 1917. 19 p.

Reflections on the published fragments of a lecture delivered by Juan A. García before the *Academia de Filosofía y Letras*.

570. ———— Avellaneda juzgado por [David] Peña. Conferencia en la Academia de Filosofía y Letras. Sept. 1, 1917. *Nosotros*, XXVII, 9-13.
571. ———— La psicología de Carlos Octavio Bunge. *Ibid.* XXIX, 344-52. *La psicología* . . . Buenos Aires, Sociedad "Nosotros," 1918. 16 p.
572. ———— La personalidad de Carlos Guido y Spano. *Nosotros*, XXX, 155-71.
La personalidad . . . Buenos Aires, Impr. Mercantil, 1918. 24 p.
573.———— Introd. to Miguel Cané, *Notas é impresiones* . . . [Buenos Aires, "La Cultura Argentina," 1918. 7-28, 4 l., 33-360.]

The introduction is dated Mar. 20, 1901. Critical analysis and generally favorable judgment of the above volume.

574. ———— La figura histórica de Alberdi. Conferencia . . . *Rev. de D. H. y L.*, LXIII, 348-82; and *Rev. de la Univ. de Córdoba*, Año VI, Nos. 4 and 5, 99-137.
575. ———— *La personalidad histórica de Alberdi. Conferencia inaugural dada en el Teatro Unión de Dolores el 11 de Junio de 1919.* Dolores. 40 p. Port. of Quesada.
576. ———— *Rafael Obligado. El poeta. El hombre.* Buenos Aires, Impr. y Casa Editora "Coni," 1920. 81, [5] p.

Personal recollections of the man and praise of his work.

577. Quesada, Vicente G. Primer periódico publicado en Buenos Aires [*Telégrafo Mercantil*]. *Rev. de B. A.*, I, 148-53.
578. ———— *Sueños y realidades.* Edición completa de las obras de la Sra. Doña Juana Manuela Gorriti. *Ibid.* IV, 474-85.
579. ———— Anuario bibliográfico de la República Argentina. See *Anuario* . . .
580. ———— Los ex-presidentes. Mitre—Sarmiento—Avellaneda. *Nueva Rev. de B. A.*, I, 9-19.
581. ———— Las teorías del Dr. Alberdi. *Ibid.* I, 352-84.
582. ————Mis memorias. Recuerdos de mi vida diplomática. *Rev. de la Univ.*, I, 204-18, 327-43.
583. ———— La vida intelectual en la América Española durante la época colonial. *Ibid.* XI, 345-534.
La vida intelectual . . . *Durante los siglos XVI, XVII y XVIII. Con una introducción de Horacio Ramos Mejía.* Buenos Aires, "La Cultura Argentina," 1917. 326 p.
584. ———— La vida intelectual en las provincias argentinas. *Atl.*, I, 321-52; II, 72-87, 227-46.
585. Ramos Mejía, Horacio. Introd. to Miguel Cané, *Juvenilia* . . . [" La Cultura Argentina," 1916. 9-19, 2 l., 23-370 p.]

Characterization of the aristocracy to which Cané belonged, Cané a representative type of his generation, and brief notes on his literary productions.

586. ———— José María Ramos Mejía y sus escritos inéditos. *Rev. de Fil.*, V, 19-39.

587. ———— El alma colonial y la literatura de la independencia. *Ibid.* VI, 39-50.

   This article appears as the introduction (p. 11-25) to V. G. Quesada, *La vida intelectual en la América Española* . . .

588. Ramos Mejía, José María. Los historiadores de Rosas. *Bibl.*, VII, 162-89.

589. Ravignani, Emilio. La literatura sociológica hispano-americana. *Los orígenes argentinos*, por Roberto Levillier. *Nosotros*, IX, 312-30.

590. Reyes, César. El verdadero Sarmiento. *Rev. de D. H. y L.*, LXIII, 333-47.

591. Reynal O'Connor, Arturo. *Crítica literaria. Juan C. Lafinur.* Buenos Aires, Impr. de obras de J. A. Berra, 1892. VIII, 67 p. Edición de 200 ejemplares.

   With numerous digressions the author gives a biography of the poet, an evocation of his personality and a study of his poetry.

592. ———— *Crítica literaria. Juan Baltazar Maziel.* Editor, Arnaldo Moen, Nueva Lib. Europea, Buenos Aires, 1893. 63 p.

   Similar to the above.

593. ———— *Mi año literario (Publicación anual). 1903. Política, ciencias, artes, derecho, jurisprudencia, legislación, historia nacional, colonización, viajes, descripciones, cuadros, crítica literaria, biografía, rectificaciones históricas, vindicaciones, perfiles, paralelos, pensamientos, etc., etc.. Tomo I.* Buenos Aires, Est. poligráfico, Márquez, Zaragoza y cía., 1903. VI, 316, [1] p.

   " Una visita al Doctor Alberdi," p. 234-50. A letter written from London to Manuel Bilbao describing a visit to Alberdi in Paris.
   " Un poeta orador," p. 251-3. Recollections of a speech by Guido y Spano protesting against atrocities committed by the Spaniards in Cuba.
   " Dr. Don Manuel de Labardén. Rectificación histórica," p. 277-305. Rectification of dates and facts in the life of Labardén with some account of his life.

594. ———— Síntesis y evolución de nuestra poesía. *Rev. de D. H. y L.*, XVII, 294-301, 422-32.

   Also published in *Crítica literaria*.

595. ———— *Crítica literaria. Estudios biográficos y sicológicos. Los poetas argentinos (Doctores D. Juan B. Maziel, D. Manuel J. de Labardén, D. Panteleón Rivarola y Fray Cayetano J. Rodríguez). Tomo I.* Buenos Aires, Impr. de José Tragant, 1904. 379, [2] p.

   Preceding the biographies is the " Síntesis y evolución de nuestra poesía," p. 39-65.

596. Reynal O'Connor, Arturo, and Bilbao, Manuel. Apuntes biográficos del Dr. D. Juan Bautista Alberdi. In *Obras Completas de J. B. Alberdi, Tomo I.* Buenos Aires, Impr. Lit. y Enc. de " La Tribuna Nacional," 1886. LX, 479 p. Port.

597. "R. G." (Roberto Giusti?). *Teatro nacional rio-platense,* por Vicente Rossi. *Nosotros,* V, 393-4.
598. Rivarola, Enrique E. Conversación literaria sobre Alberto Navarro Viola. *Nueva Rev. de B. A.,* III, 583 ff.
599. ———— El teatro nacional: su carácter y sus obras. *Rev. de la Univ.,* III, 341-75.
600. ———— La imaginación de Alberdi. *Ibid.* IX, 462-74.
601. Rivarola, Horacio C. Carlos Octavio Bunge [Discurso]. *Nosotros,* XXIX, 416-9.
602. Rivarola, Rodolfo. Noticias biográficas. El Dr. D. Miguel Cané. *Rev. de la Univ.,* IV, 220-2.
603. ———— *El maestro José Manuel Estrada. Tres lecturas públicas en las academias. I. En el Colegio Nacional. II. La preparación del maestro. III. En la ciencia política argentina.* Buenos Aires, Cía. sud-americana de billetes de banco, 1914. 192, [1] p.

Originally published in the Anal. de la Acad. de F. y L., II, 69-170.

In the appendix (p. 183-92) is a speech delivered by José Nicolás Matienzo on the occasion of the reception of Rivarola into the *Academia de Derecho y Ciencias Sociales.*

604. Rodó, José Enrique [Uruguayan]. Juan María Gutiérrez y su época. *Nosotros,* XXVI, 93-169.
605. ———— Carlos Guido y Spano. *Ibid.* XXX, 311-16.
606. Rodríguez Acasuso, Luis. *Del teatro al libro (Ensayos críticos sobre teatro argentino y extranjero, arte y literatura).* Buenos Aires, Cooperativa Edit. Limitada, Agencia general de libros y publicaciones, 1920. 277 p.

"El teatro y el público," p. 15-32.

"Teatro argentino," p. 35-139. Newspaper criticisms of plays most of which were given in 1917 for the first time: *Liniers* del Dr. David Peña; *El complot del silencio* del Dr. César Iglesias Paz; *La fuerza ciega* del Dr. Vicente Martínez Cuitiño; *La casa de los Batallán* de D. Alberto Vacarezza; *Con las alas rotas* de D. Emilio Berisso; *Cantos rodados* de D. Francisco Imhof; *El señor corregidor* del Dr. Belisario Roldán; *La rueda de los inútiles* de D. Roberto Cayol; *El secreto de los otros* de D. José León Pagano; *Las termas de Colo-colo* de D. Enrique García Velloso; *El corazón de la selva* de D. Otto Miguel Cione [Urug.]; *Familia modelo* de D. Ricardo Hicken; *La inundación* de D. Rafael González Pacheco; *La familia de mi sastre* de D. Federico Mertens; *Camino de gloria* de D. Miguel Nébel; *El caballo de bastos* de D. José Antonio Saldías; *Las rosas de la aurora* de D. Carlos Schaefer Gallo; *Mancha de aceite* de D. Enrique de Vedia; *El caballero de cemento armado* de D. Adriano Díaz Olazabal; *El abismo* del Dr. Carlos Rodríguez Larreta.

607. Rodríguez Oliden, Rosa. Doña Juana Manuela Gorriti. Boceto biográfico inédito de la serie *Argentinas Ilustres. Rev. Nacl.,* XXXIII, 21-7.
608. Rohde, Jorge Max. *Estudios literarios.* Buenos Aires, Impr. y casa edit. "Coni," 1920. 269, [1] p.

"Los estudios clásicos en el Colegio de San Carlos," p. 83-104.

"Tres libros," p. 105-16. Two of the books analyzed are by Argentines: *El triunfo de las rosas* by Ángel de Estrada, and *La nouvelle moisson* by Delfina Bunge de Gálvez.

"Ideología de Bernardo Monteagudo," p. 149-90.
"Groussac, Cervantes y el *Quijote*," p. 231-59. An account of the Groussac-Menéndez y Pelayo controversy over the *Quijote* of Avellaneda.

609. Rojas, Nerio A. *Psicología de Sarmiento*. Buenos Aires, Lib. "La Facultad" de Juan Roldán, 1916. 174 p.

610. Rojas, Ricardo. *Cosmópolis*. Paris, Garnier hermanos, libreros editores, [n. d.] XII, 204, [1] p.

"Nuestro folklore," p. 31-8. Importance of initiating folklore studies in Argentina.
"Romances tradicionales en América," p. 39-49. Selections from a letter to Menéndez Pidal requesting his collaboration in an anthology of *romances* and discussing the slight possibility of encountering any in Argentina.
"La musa de las montañas," p. 51-61. Analysis of this work by Joaquín González.
"La obra de Fray Mocho," p. 81-92. General characteristics of the work of José S. Álvarez.

611. ———— Prologue to *Bibliografía de Sarmiento . . . Trabajo realizado por los alumnos de letras* [Universidad Nacional de La Plata]. Buenos Aires, Impr. de Coni hermanos, 1911. XLIX, 582 p. Port.

An interesting account of the origin and nature of the book, followed by a characterization of the genius of Sarmiento.

612. ———— La literatura argentina. *Nosotros*, X, 337-64; and, *Rev. de la Univ.*, XXI, 372-401.

A lecture delivered before the Faculty of Philosophy and Letters, June 7, 1913, on the occasion of the inauguration of a chair of Argentine literature.

613. ———— Las ideas estéticas de Echeverría. *Rev. de Fil.*, I, 59-72.

614. ———— *Biblioteca Argentina. Publicación mensual de los mejores libros nacionales. Director: Ricardo Rojas. 1. Doctrina democrática de Mariano Moreno*. Buenos Aires, Lib. La Facultad, de Juan Roldán, 1915. VIII, 2 l., [11]-301 p.

In the "Noticia preliminar" (p. 11-23) Rojas explains his principle of selection and sets forth the purport and significance of the writings included in this volume.

615. ———— *Biblioteca Argentina . . . 2. Dogma Socialista de Esteban Echeverría*. Buenos Aires, Lib. La Facultad, de Juan Roldán, 1915. VI, 4 l., [11]-303 p. Port.

"Noticia preliminar," (p. 11-20): an exposition of the character of various writings connected with the *Dogma Socialista* and included by Rojas in the volume.
The *Ojeada retrospectiva* appears on pages 27-121.

616. ———— *Biblioteca Argentina . . . 3. Las Bases de Alberdi*. Buenos Aires, Lib. La Facultad, de Juan Roldán, 1915. VIII, 2 l., 11-327 p. Port.

"Noticia preliminar" (p. 11-28): general characteristics of Alberdi's works, origin of *Las Bases*, later variations in the text, its political importance.

617. ———— *Biblioteca Argentina . . . 4. Educación popular por D. F. Sarmiento.* Buenos Aires, Lib. La Facultad, de Juan Roldán, 1915. VI 4 l., [11]-456 p. Port.

Noticia preliminar (p. 11-19): Sarmiento's educational interests outside of Argentina, educational problems studied by him, works included in this volume.

618. ———— *Biblioteca Argentina . . . 5. Estudio sobre las leyes de tierras públicas por N. Avellaneda.* Buenos Aires, Lib. La Facultad, de Juan Roldán, 1915. VIII, 2 l., [11]-292 p. Port.

Noticia preliminar (p. 11-20): characteristics of this work, source of Avellaneda's ideas, his doctrine, importance of the *Estudio* in the history of Argentina.

619. ———— *Biblioteca Argentina . . . 6. Trajedias de J. C. Varela.* Buenos Aires, Lib. La Facultad de Juan Roldán, 1915. VI, 4 l., [11]-287 p. Port.

The "Noticia preliminar" (p. 11-30) is mainly a critical study of the tragedies *Dido* and *Argia*.

620. ———— *Biblioteca Argentina . . . 7. Obras políticas de Bernardo Monteagudo.* Buenos Aires, Lib. La Facultad, de Juan Roldán, 1916. VI, 2 l., [9]-360 p. Port.

Noticia preliminar (p. 9-33): explanation of the arrangement of the material, bibliographical information, Monteagudo's intellectual personality, charges against him, his ideas.

621. ———— *Biblioteca Argentina . . . 8. Comprobaciones históricas (primera parte) por Bartolomé Mitre.* Buenos Aires, Lib. La Facultad, de Juan Roldán, 1916. LXXXVIII, 379 p. Port.

The "Noticia preliminar" (p. IX-XXXIX) deals principally with the Mitre-López controversy.

622. ———— *Biblioteca Argentina . . . 9. Luz de Día en América por J. B. Alberdi.* Buenos Aires, Lib. La Facultad, de Juan Roldán, 1916. X, 2 l., [13]-309 p. Port.

In the "Noticia preliminar" (p. 13-27) Rojas sets forth the plan, nature, style and originality of this book.

623. ———— *Biblioteca Argentina . . . 10. El peregrino en Babilonia y otros poemas de Don Luis de Tejeda (Poeta cordobés del siglo XVII).* Buenos Aires, Lib. La Facultad, de Juan Roldán, 1916. VI, 4 l., [11]-287 p.

The "Noticia preliminar" (p. 11-77) is a well documented study of the life and works of Tejeda.

624. ———— *Biblioteca Nacional . . . 11. Reflexiones por Juan Ignacio de Gorriti.* Buenos Aires, Lib. La Facultad, de Juan Roldán, 1916. VI, 2 l., [9]-400 p. Port.

Noticia preliminar (p. 9-40): biographical details, exposition of the author's ideas and political doctrines, with brief bibliographical notes on the *Reflexiones*.

625. ——— *Biblioteca Nacional* . . . *12. Facundo por D. F. Sarmiento.* Buenos Aires, Lib. La Facultad, de Juan Roldán, 1916. VI, 4 l., [11]-326 p. Port.

" Noticia preliminar " (p. 11-25): the importance attributed to this work by Sarmiento, its origin, its place and value in the light of historical criticism.

626. ——— *Biblioteca Argentina* . . . *13. Descripción colonial por Fr. Reginaldo de Lizárraga (Libro primero).* Buenos Aires, Lib. La Facultad, de Juan Roldán, 1916. VIII, 2 l., [11]-309 p.

" Noticiar preliminar " (p. 11-35): a biography of the author, the character of this work and the relative value of de Lizárraga's prose.

627. ——— *Biblioteca Argentina* . . . *14. Descripción colonial* . . . *(Libro segundo)* . . . 1916. VIII, 2 l., [11]-307 p.

628. ——— *Biblioteca Argentina* . . . *15. Comprobaciones históricas (Segunda parte) por Bartolomé Mitre.* Buenos Aires, Lib. La Facultad, de Juan Roldán. 1916. VIII, 436 p.

629. ——— *Biblioteca Argentina* . . . *16. Debate histórico. Refutación á las Comprobaciones históricas sobre la historia de Belgrano por Vicente Fidel López. Tomo I.* Buenos Aires, Lib. La Facultad, de Juan Roldán. XI, 3 l., [15]-303. Port.

Noticia preliminar (p. 15-18): recapitulation of the introductions to volumes 8 and 15 with additional bibliographical notes.

630. ——— *Biblioteca Argentina* . . . *17. Debate histórico* . . . *Tomo II.* Buenos Aires, Lib. La Facultad, de Juan Roldán, 1916. VIII, 2 l., [11]-291 p.

631. ——— *Biblioteca Argentina* . . . *18. Debate histórico* . . . *Tomo III.* Buenos Aires, Lib. La Facultad, de Juan Roldán, 1916. IX, 3 l., [13]-335 p.

632. ——— *Biblioteca Argentina* . . . *19. Martín Fierro por José Hernández.* Buenos Aires, Lib. La Facultad, de Juan Roldán, 1919. LXXXVII, 230 p. Il.

Noticia preliminar (p. XI-LXXXVIII): bibliographical notes, grammar of the poem, its plan, esthetic value.

633. ——— *La Argentinidad* (Ensayo sobre nuestra conciencia nacional en la gesta de emancipación, 1810-1816. *Nosotros*, XXV, 254-64.

634. ——— *La literatura argentina. Ensayo filosófico sobre la evolución de la cultura en el Plata. I. Los Gauchescos.* Buenos Aires, Impr. de Coni hnos, 1917. VIII, 589 p. Il.

Contents: Introducción. I. La tierra nativa. II. La raza nativa. III. La lengua nativa. IV. La tradición de los indios. V. El folklore de los gauchos. VI. El idioma de los conquistadores. VII. Poesía épica de nuestros campos. VIII. Poesía lírica de nuestros campos. IX. Poesía dramática de nuestros campos. X. Transformaciones de nuestra poesía rural. XI. La poesía popular de la independencia. XII. La musa gauchesca de Hidalgo. XIII. La tradición del romancero. XIV. Los precursores gauchescos. XV. La cuestión de Juan Godoy. XVI. La gesta de unitarios y federales. XVII. Aparición de Hilario Ascasubi. XVIII. El periodismo gauchesco. XIX. Los trovos de Paulino Lucero. XX. La

Cautiva de Echeverría. XXI. El *Santos Vega* de Ascasubi. XXII. Estanislao del Campo y su *Fausto*. XXIII. José Hernández, último payador. XXIV. Argumento del *Martín Fierro*. XXV. Valor estético del *Martín Fierro*. XXVI. El idioma de los gauchescos. XXVII. La tradición gauchesca en la novela. XXVIII. La tradición gauchesca en el teatro. XXIX. La tradición gauchesca en la poesía.

635. ——— Carlos Guido y Spano. *Nosotros*, XXX, 173-90.

636. ——— *La literatura argentina. II. Los coloniales.* Buenos Aires, Impr. y casa editora "Coni," 1918. VIII, 662 p. Il.

Contents: Capítulo preliminar. I. Primeras crónicas del Plata. II. El poema *Argentina* de Barco Centenera. III. Historiadores primitivos de Indias. IV. Primer ensayo de una historia argentina [*Argentina manuscrita* by Ruy Díaz de Guzmán]. V. Libros de la conquista espiritual. VI. Tejeda, primer poeta argentino. VII. La escuela teocrática de Córdoba. VIII. Expulsión de la Compañía de Jesús. IX. La poesía en la sociedad virreinal. X. El poeta Don Manuel Labardén. XI. Orígenes del laicismo porteño. XII. Cancionero de las invasiones inglesas. XIII. Crisis de la cultura colonial. XIV. Cantos de la epopeya americana. XV. El clasicismo de Juan Cruz Varela. XVI. Últimos escritores coloniales.

637. ——— *La literatura argentina. III. Los proscriptos.* Buenos Aires, Impr. y casa editora "Coni," 1920. VIII, 680 p. Il.

Contents: Capítulo preliminar. I. Vida de Esteban Echeverría. II. El romanticismo americano. III. Obras en verso de Echeverría. IV. Primeras asociaciones literarias. V. Obras en prosa de Echeverría. VI. La pleyade de los proscriptos. VII. Inquietudes de la nueva generación. VIII. La tiranía de Rosas. IX. La escuela cuyana en Chile. X. Domingo Faustino Sarmiento. XI. El espíritu de Sarmiento. XII. Principales libros de Sarmiento. XIII. Proscriptos refugiados en Bolivia. XIV. Montevideo, "La Nueva Troya." XV. El poeta José Mármol. XVI. Tres poetas discutidos de esta generación. [Juan Carlos Gómez, José Rivera Indarte, Claudio Cuenca]. XVII. La vida intelectual bajo la dictadura. XVIII. Publicistas de la organización nacional. XIX. Vida y obras de Alberdi. XX. Bartolomé Mitre. XXI. Vicente Fidel López. XXII. Juan María Gutiérrez. XXIII. La tradición nacional. XXIV. Poetas y prosistas menores. XXV. La ancianidad de los patriarcas.

One volume in preparation, *Los modernos*.

638. Rosendi, José H. *Algunas críticas.* Buenos Aires, Impr. de M. Biedma é hijo, 1907. 78 p.

This volume consists of articles which were published in the newspaper, *El Tiempo*, of Buenos Aires.

"Un libro del Dr. Antonio Dellepiane. *Estudios de filosofía jurídica y social*," p. 29-41. A statement of its content with a certain amount of comment.

"*Rosas y su tiempo* por José María Ramos Mejía," p. 43-71. Critical analysis and discussion of points upon which the author differs from Ramos Mejía.

"*El problema social* por César Iglesias Paz," p. 73-8. Brief comment with favorable conclusion.

639. Rossi, Vicente. *Teatro nacional rioplatense. Contribución á su análisis y á su historia.* Río de la Plata, 1910. 192 p.

"En un destable prosa, á veces apenas periodística, mechada además de una cantidad incalculable de criollismos, buscados con empeño, diríase, más que hallados por ignorancia, el Señor Rossi nos ha contado una serie de cosas interesantísimas sobre los orígenes de nuestro teatro popular." R. G. *Nosotros*, V, 393.

640. Ruiz Guiñazú, Enrique. Pedro Goyena. *Est.*, II, 137-44.

641. Ruiz Moreno, Martín. Un libro interesante. *Apuntes sobre la provincia de Entre Rios*, por Antonio Cuyás y Sampere. *Rev. de D. H. y L.*, XXIII, 554-71.

642. Saavedra Lamas, Carlos. Carlos Octavio Bunge. Su personalidad universitaria. *Nosotros*, XXIX, 353-64.

643. Sáenz, Mario. *José Manuel Estrada. Conferencia leída en el Ateneo Hispano-Americano el 30 de Julio de 1915.* Buenos Aires, Cía. sudamericana de billetes de banco, 1915. 61 p.

    Pages 9-19 include letters exchanged between Rodolfo Rivarola and M. Sáenz, and the introductory speech by Dr. Carlos F. Melo. Saenz' speech deals mainly with the various characteristics of Estrada's writings.

644. ———— Introd. to J. M. Estrada, *La política liberal bajo la tiranía de Rosas* . . . [Buenos Aires, "La Cultura Argentina," 1917. 7-17, 3 l., [21]-295 p.]

    A compression of the speech mentioned above.

645. Sagarna, Antonio. Como se estudia y se juzga a Alberdi. *Rev. de Fil.*, IV, 186-202.

646. Saldías, Adolfo. *La Eneida en la República Argentina. Traducción de los señores Dr. D. Vélez Sarsfield y J. C. Varela. Publicada bajo los auspicios de las familias de ambos traductores, y con una reseña sobre ellos por Domingo F. Sarmiento y Adolfo Saldías.* Buenos Aires, Félix Lajouane, editor, MDCCCLXXXVIII. 395, [1] p.

    " Dalmacio Vélez Sarsfield y la Eneida [by D. F. Sarmiento]," pp. 11-24. Vélez Sarsfield's studies in Roman law, his motive for translating Virgil, his difficulties, a history of the manuscript and the extent of Vélez Sarsfield's reading. This article is followed by the translation (prose) of the first six books of the *Aeneid.*
    " Don Juan Cruz Varela [by Adolfo Saldías]," p. 297-338. The sterility of Argentine literature during the Civil War period, the social character of Varela's poetry, his ideas, and his translations of Latin poetry. The rest of the book contains Varela's translation of the *Aeneid* (Bk. I and part of Bk. II).

647. ———— Los historiadores de Rozas. Réplica al Dr. José M. Ramos Mejía. *Bibl.*, VII, 449-59.

    See *Páginas literarias.*

648. ———— *Vida y escritos del P. Castañeda.* Buenos Aires, Arnaldo Moen y hermanos, editores, 1907. 304, [1] p.

649. ———— *Páginas literarias. III.* Buenos Aires, Lib. La Facultad, de Juan Roldán, 1912. 204 p.

    " *Las beldades de mi tiempo (inédito)* por Santiago Calzadilla," p. 7-19. Notes and comments on the contents of the book. These were originally published in *La Nación*, June 25, 1891.
    " Sobre *Rastaquouere*," p. 21-7. A letter to the author, Alberto del Solar [Chilean], commenting on the above book.
    " Vida literaria. El *Ateneo*," p. 43-8. His idea of the true mission of such associations.
    " *Ayohuma* por el Señor Rafael Obligado," p. 49-59. An article published in *El Diario*, Apr. 27, 1893, criticising the poet's choice of a subject.
    " Cartas cambiadas," p. 81-4. A letter from Eugenio Garzón and his reply

published in *El Heraldo* of Montevideo, Jan. 19, 1894, discussing whether Sarmiento wrote the article "Literatura negra" or not.
"Los historiadores de Rozas. Réplica al doctor José M. Ramos Mejía," p. 97-113. A reply to Ramos Mejía's criticism of Saldías' *Historia de la confederación argentina*.
"*Paisajes parisienses* por Manuel Ugarte," p. 123-8. Criticism of the choice of subject.
" Los restos de Don Juan Cruz Varela," p. 171-5. A speech pronounced by Saldías at the burial of Varela's remains. It was originally published in *El País*, Dec. 24, 1908.
" Sarmiento. En la política. En la sociedad," p. 176-204. Anecdotes of Sarmiento in public and private life.

650. Salinas, Wherfield A. *Sarmiento*. [Impr. "La Industrial," de Ortiz y Cassari, Buenos Aires, 1910.] 322, [1] p.

A study of Sarmiento's life with some account of the times in which he lived.

651. Sánchez Sorondo, M. G. Un poco de crítica. *Grandezas chicas*, por Osvaldo Saavedra. *Rev. Nacl.*, XXXII, 335-48.
652. ——— Un libro de Manuel Ugarte, *Crónicas del bulevar*. *Ibid*. XXXIV, 133-43.
653. San Martín, José de. *Mis profetas locos. Segunda edición*. Arnaldo Moen (editor). Buenos Aires, 1918. 352 p. Port.

" Hace nueve años el Señor José de San Martín publicó un libro titulado *Mis profetas locos*. Como lo formaban cerca de trescientas páginas de cosas estupendas y disparatadas, algunos ingenuos aplaudieron, y, naturalmente, todos los tontos. Sus profetas locos eran cinco: Almafuerte, el único que podía ampararse del título; Alberto Ghiraldo, el cual de profeta no tiene más que la buena voluntad, y de loco, nada; Leopoldo Lugones, el más equilibrado de los hombres; Enrique Gómez Carillo, cronista sonriente y amable; y David Peña, que de loco apenas si tendrá lo que, según el refrán, todos tenemos." R. Giusti, *Nosotros*, XXIX, 551.

654. ——— *A. Ghiraldo. Ilustraciones de Pedro Garmendia*. Arnaldo Moen (editor), Buenos Aires, 1918. 163 p.

" El que sale bastante bien parado de esta tremenda conflagración es Alberto Ghiraldo, porque le asiste la suerte de que el señor San Martín siempre lo amenace con hablarnos de él, pero nunca lo haga." R. Giusti, *Nosotros*, XXIX, 552.

655. Santa Colonia, Pedro. *Recuerdos de provincia*, por Sarmiento. *Mon. de la Educ. Común*, LIII, 425-38.
656. Sarmiento, Augusto Belín (" A. Bel "). *Reseña biográfica de Domingo F. Sarmiento. Seguida de El Programa de los que sostienen en Buenos Aires su candidatura para presidente de la República*. Buenos Aires, Impr. de El Nacional, 1880. 32 p.

Reseña . . . seguida de los discursos pronunciados por el General Sarmiento en el seno de la juventud, el 30 de mayo de 1880, y en el acto de bendecir la bandera del batallón núm. 11 de infantería de línea, del programa de su candidatura y de otras piezas. Tercera edición. Buenos Aires, Impr. del Nacional. 72 p. Photo of bust of Sarmiento.

Cited in the *Anuario bibliog.* . . . "Tres ediciones de este folleto en el espacio de pocos meses y el nombre de su autor, A. Bel (Augusto Sarmiento), nieto del general, garanten la exactitud de los datos y la bondad del trabajo."
The biography consists of brief notes on the activities of Sarmiento year by year up to 1880.

657. ———— Un libro criollo. *Los Estados Unidos y la América del Sur. Los Yankees pintados por sí mismos,* por Domingo de Pantoja. *Rev. Nacl.,* XVIII, 124-30.

658. ———— Sarmiento anecdótico. Prefacio de un libro en prensa. *Rev. de D. H. y L.,* XXI, 58-62.

659. ———— *Sarmiento anecdótico.* Buenos Aires, Est. tip. de David Soria, 1905. XIV, 386 p.

Contents:—Años de aprendizaje.—Años de destierro.—Campaña de Caseros.—El publicista.—El gobernador.—Diplomacia.—El presidente.—Ancianidad.—Resumen.

The criterion of selection is explained in the introduction:—" Debemos declarar que todo cuanto contiene este libro es de absoluta autenticidad, no habiendo adoptado sino lo que resulta de documentos, ó lo que hemos presenciado, ó nos ha sido referido por testigos de cuya veracidad no podemos dudar, . . . " p. XI-XII.

660. Sarmiento, Domingo Faustino. *Bosquejo de la biografía de D. Dalmacio Vélez Sarsfield.* Buenos Aires, Impr. de la Tribuna, 1875. 133, [1] p.

661. ———— Dalmacio Vélez Sarsfield y la *Eneida*. Published in the above volume.

Cf. A. Saldías, *La Eneida en la República Argentina.*

662. ———— Reminiscencias de la vida literaria. *Nueva Rev. de B. A.,* I, 67-81.

Also published in *Obras,* Vol. I, 329-39.

663. ———— *Obras . . . publicadas bajo los auspicios del gobierno argentino. Tomo I. Artículos críticos y literarios (1841-1842).* Santiago de Chile. Impr. Gutenberg. [Buenos Aires, Félix Lajouane, editor] 1885. XXXII, 265 p.

" Reminiscencias de la vida literaria," p. 329-39. Recollection of his emigration to Chile and his literary activities there.

664. ———— *Obras . . . Tomo II. Artículos críticos y literarios. 1842-1853.* [Buenos Aires, Félix Lajouane, editor].1885. 381 p.

" *Una mancha de sangre.* Drama de Mallian i Bouillé traducido aquí por Vicente F. López," p. 45-7. Brief critical analysis with words of praise for the translator.

665. ———— *Obras . . . Tomo III. Artículos críticos y literarios. 1842-1853.* [Buenos Aires, Félix Lajouane, editor] 1885. VIII, 348 p.

" Mi defensa," p. 1-23. An account of his life up to the time of his emigration to Chile.

"Recuerdos de provincia," p. 25-216.
"Necrologías y biografías. Esteban Echeverría," p. 329.

666. Sarmiento, Domingo Faustino (hijo). Juicio crítico sobre Juan Gualberto Godoy, p. XV-LIII of Godoy, *Poesías*. [Buenos Aires, Impr. de Pablo E. Coni é hijos, 1889. LIII, 442 p.]

    A biography with some literary criticism of an eulogistic nature.

667. Scotto, José Arturo. Los pseudónimos en el periodismo argentino. *Rev. Nacl.*, XXV, 259-62; XXVIII, 206-7; XXIX, 172-3.
668. ——— Prologue to Leandro N. Alem, *Poesías* . . . [Buenos Aires, 1897. 7-15, 1 l., 17-95, [1] p.]

    A brief biography with some remarks on the character of the man.

669. Sierra, Vicente D. Prologue to Juan Cruz Varela, *Poesías*. Reedición completa en un volumen . . . [Buenos Aires, "La Cultura Argentina," 1916. 7-17, 1 l., 19-281 p.]

    Biography and literary criticism.

670. Solar, Alberto del [Chilean]. D. F. Sarmiento. *Rev. Nacl.*, XII, 71-102.
671. ——— Juicio crítico de . . . Otero. See Pacífico Otero, *Estudio biográfico* . . .
672. Sosa, Francisco [Mexican]. Adolfo P. Carranza. *Rev. Nacl.*, XV, 5-12.

    From the *Escritores y poetas sud-americanos*.

673. ——— Juana Manuela Gorriti. *Ibid.* XVI, 351-60.

    From the *Escritores y poetas*.

674. Soto y Calvo, Francisco. De la falta de carácter en la literatura argentina. *Est.*, IV, 286-304.
675. "S. T." Noticia bibliográfica sobre la *Historia de San Martín*, por Mitre. *Rev. Nacl.*, IV, 213-29.
676. Taborda, Saúl. Prologue to José de Maturana, *Naranjo en flor. Poesías.* [Buenos Aires, "La Cultura Argentina," 1918. 7-32, 2 l., [35]-221 p.]

    A critical study and, for the most part, favorable judgment.

677. Terán, Juan B. Alberdi. Conferencia dada . . . en el local de la Sociedad Sarmiento de Tucumán. *Est.*, V, 227-35.
678. Testena, Folco. Un misionero. Elementos de juicio sobre la obra del poeta Almafuerte. *Nosotros*, XXV, 299-308.
679. Thompson, J. Florencio Bacarce. See Balcarce.
680. Tobal, Federico. Estudios. Félix Frías. *Rev. Nacl.*, III, 79-89, 129-42, 197-208, 289-97, 333-44; IV, 79-86, 154-63, 230-7, 336-40· V, 64-70, 152-7, 245-54.
681. ——— Estudios. La Revolución argentina por el Dr. Vicente López. *Ibid.* VIII, 280-96; IX, 82-6, 181-8; X, 111-22; XI, 176-81.
682. ——— Estudios críticos. *Un libro extraño* del Dr. Sicardi. *Rev. de D. H. y L.*, II, 584-99.

683. Torcelli, Alfredo J. De Almafuerte. *Nosotros*, XXVIII, 22-44, 350-68.
684. Toro y Gómez, Miguel de [Spaniard]. Carlos Octavio Bunge. *Rev. de D. H. y L.*, LX, 373-85.
685. Torrendell, J. *El año literario, 1918. Prólogo de Constancio Vigil.* Buenos Aires, Editorial Tor. 5-6, [7]-222, [3] p.

> Critical articles published in the illustrated magazine, *Atlántida* (not that edited by David Peña) under the caption "El libro de la semana." Those dealing with Argentine literature are:—"*Libro de los paisajes* de Leopoldo Lugones," "*El viajero indeciso* de Alfredo R. Bufano," "*Vidas tristes* de Luisa Israel Portela," "*Canciones y poemas* de Mario Bravo," "*Las rosas del mantón* de Ernesto Mario Barreda," "*Agreste* de Julio Díaz Usandivaras," "*Salta* de Juan Carlos Dávalos," "*El dulce daño* de Alfonsina Storni," "*Odas bárbaras* [Translation from Carducci por B. Contreras]," "*Las tragedias de la vida vulgar* de Juan Mas y Pi," "*Poemas modernos y exóticos* de Bartolomé Galindez," "*Literatura contemporánea* de Álvaro Melián Lafinur," "*Almafuerte* de Antonio Herrero," "*Por el amor y por ella* de Fernández Moreno," "*Biblioteca infantil argentina* de Ada M. Elflein," "*El nuevo régimen* de Alberto Gerchunoff," "*La maestra normal* de Manuel Gálvez," "*Los coloniales* de Ricardo Rojas," "*El Colegio Real de San Carlos* de Armando de Souza Argüello," "*Melpómene* de Arturo Capdevila," "*Pasando las horas* de Cleopatra Cordiviola," "*Raquela* de Benito Lynch," "*El peregrino curioso* de Alberto Ghiraldo," "*Cantos* de Jorge M. Rohde," "*Cuesta arriba* de Fausto Burgos," "*El conventillo* de Luis Pascarella," "*El libro humilde y doliente* de Salvadora Medina Onrubia," "*La raza como ideal* de Rodolfo Rivarola," "*Cuentos de la selva* de Horacio Quiroga," "*La nouvelle moisson* de Delfina Bunge de Gálvez," and, "*Selvas y montañas* de W. Jaime Molins."

686. Torrent, Juan E. Mitre at home [sic]. *Rev. de D. H. y L.*, XXIV, 141-6.
687. Torres Caicedo, J. M. [Colombian]. Don Esteban Echeverría. See Echeverría, *Obras*.
688. ———— Juicio crítico de las poesías de Balcarce. See Balcarce.
689. Torres Frías, Domingo. *Crítica á Nuestro Parnaso de Ernesto Mario Barreda.* Buenos Aires, Impr. French y Cía, 1913. 14 p.

> Unfavorable criticism of the preface to Vol. I.

690. Turini, Ernesto P. *Poetas argentinos.* Buenos Aires, Félix Lajouane, editor, 1898. 255, [1] p.

> An extensive study of the poetic qualities of Carlos Guido y Spano, Martín García Mérou and Rafael Obligado, with briefer analyses ("Fragmentos") of the work of Calixto Oyuela, Claudio Mamerto Cuenca and Martín Coronado.

691. Ugarte, Manuel. *La joven literatura hispano-americana. Antología de prosistas y poetas.* Paris, Lib. Armand Colin, 1906. XLVII, 320 p.

> The preface gives a general outline of the tendencies of Spanish American literature since the Revolution. In the anthology each group of selections is generally preceded by a few lines of biography.

692. ———— *Las nuevas tendencias literarias.* F. Sempere y cía, editores, Valencia [n. d.] VIII, 227, [1] p.

> "Una ojeada sobre la literatura hispano-americana," p. 25-40. Tendencias

of modern Spanish American literature and an enumeration of the most important literary men.

"El teatro criollo," p. 75-92. Ugarte considers the origin of this type of play the dramatization of one of the novels of Eduardo Gutiérrez, analyses *Juan Moreira*, and discusses the development and characteristics of the *genre*.

"Algunos libros hispano-americanos," p. 133-92. Comments on an article published in the *New York Evening Post* on the new writers of South America, and mention of numerous works of special importance.

693. Unamuno, Miguel de [Spaniard]. Sobre el criollismo. Á guisa de prólogo. *Est.*, V, 28-38.

694. Uriarte, Gregorio. La obra literaria de Rafael Obligado. *Nosotros*, VI, 261-77.

695. ———— La obra intelectual de Leopoldo Lugones. *Ibid.* XXX, 530-63.

696. Urien, Carlos M. *Esteban Echeverría. Ensayo crítico-histórico sobre la vida y obras con motivo de la erección de su estatua.* Buenos Aires, Cabaut y cía., editores, Lib. del Colegio, 1905. 124 p. Port.

The intellectual activity of Echeverría and his place in Argentine literature. The notes (p. 93-124) include a letter written by D. F. Sarmiento concerning Echeverría's ideas on education, letters and press notices dealing with the proposal to erect a monument to his memory and a previously unedited letter from Echeverría to Félix Frías.

697. ———— Juan María Gutiérrez. Su vida y sus obras. *Mon. de la Educ. Común*, XXX, 15-17, 241-98, 555-601.

698. ———— Juicio histórico-crítico del drama *Dorrego* de David Peña. *Atl.*, V, 203-26.

Also published in *Temas viejos*. . . .

699. ———— *Temas viejos y temas nuevos (Colaboración en la prensa).* Buenos Aires, Talleres tip. de A. Molinari, 1918. 428, [3] p.

"*Dorrego en la historia de los partidos Unitario y Federal* por Mariano A. Pelliza. Exposición crítica," p. 9-35.

"*Diccionario biográfico nacional. Entrega III. Letra C.* El doctor Miguel Cané—El general José Miguel Carrera—Casacuberta y Máiquez—Barco Centenera—El general Conesa," p. 37-69. Observations on the characters and careers of the men mentioned above, with brief note of some omissions from the *Diccionario*.

"Otro libro del Señor [Manuel Ricardo] Trelles," p. 71-8. Brief analysis of the contents of *Revista patriótica del pasado argentino*.

"*Picardía*," p. 125-32. Letter to José C. Soto commenting favorably on this short story.

"*Los poetas argentinos* por el Dr. Arturo Reynal O'Connor," p. 157-62. Words of praise for the first work of this kind after the studies of J. M. Gutiérrez.

"*Semblanzas del pasado. Juan Carlos Gómez* [Urug.] Un poco de historia y algo de literatura," p. 163-189. Comments on certain passages of this work of Luis Melián Lafinur, with some rectifications.

"Á propósito del drama *Monteagudo*," p. 193-9. A letter to the author, Francisco F. Fernández, with favorable critical analysis.

"*Lázaro* [by Ricardo Gutiérrez]," p. 201-5. Remarks on the interpretation of this play.

"El drama de Ricardo Gutiérrez," p. 206-9. Further observations on the play mentioned above.

"De una encuesta sobre *Locos de verano* by A. Laferrère," p. 211-2. General remarks on the good points of this play.

"*Dorrego.* Drama histórico en cuatro actos del Dr. David Peña," p. 213-46. Analysis of the play and remarks on its interpretation.
"Perfiles de contemporáneos. Sarmiento," p. 353-91.
"Perfiles . . . El Dr. Carlos Tejedor," p. 393-402.

700. ———— *Mitre. Contribución al estudio de la vida pública del Teniente General Bartolomé Mitre.* Buenos Aires, Talleres tip. de A. Molinari, 1919. 2 v. X, 462 p.—VII, 443, [5] p.

An account of Mitre as public man, historian, diplomat and publicist.

701. Valdaspe, Tristán. *Historia de la literatura argentina é hispanoameriana con numerosos trozos selectos. De acuerdo con los programas vigentes.* Buenos Aires, Casa editorial "Alfa y Omega," 1920. XX, 260 p.

Pages 1-210 deal with Argentine literature and give a *résumé* of the field from the Colonial period down to the present day.

702. Valle, A. del. Estanislao del Campo. Sus poesías. *Rev. (1) Arg.,* VII, 514-45.

703. Vallenilla Lanz, Laureano [Venezuelan]. La Argentina juzgada en los demás países de América. Refutación á un libro argentino: *La Argentinidad* de R. Rojas. *Nosotros,* XXVII, 369-78.

704. Varela, Florencio. *Autobiografía de D. Florencio Varela, Natural de Buenos Aires, Redactor del Comercio de la Plata; Jurisconsulta, Publicista, Miembro corresponsal del Instituto Histórico de Francia, y del Instituto Histórico y Geográfico del Brasil, etc., etc. Acompañada del Fac-simile de su letra, y de algunos apuntes sobre su persona.* Montevideo, Impr. del Comercio, 1848. IV, 64 p.

"Extractos de un diario de viaje á Europa," p. 15-35.
"Algunos rasgos sobre los talentos, el carácter y la persona de F. Varela," p. 39-64.

705. ———— *Los consuelos* por Esteban Echeverría. *Rev. del Río de la Plata,* VII, 501-24. See Echeverría, *Obras,* V, VIII ff.

706. Varela, Juan Cruz. Carta inédita . . . al Sr. Don Bernardino Rivadavia sobre la manera de traducir los poetas latinos y especialmente á Virgilio. *Rev. del Río de la Plata,* III, 403-18.

707. Vedia, Enrique de. José Manuel Estrada. Conferencia pública dada el 16 de Julio de 1904 en el Colegio Nacional de Buenos Aires. *Est.,* VIII, 52-72.

708. Vedia, Mariano de. Vida literaria. Ernesto Quesada, *Un invierno en Rusia. Rev. Nacl.,* VII, 267-71.

709. Vedia y Mitre, Mariano de. *Cuestiones de educación y de crítica. Con un prólogo del Dr. Osvaldo Magnasco.* Buenos Aires, Arnaldo Moen y hermano, editores, 1907. 215 p.

"*Mecha Iturbe* [By César Duayen]," p. 199-211. An analysis of this novel.

710. ———— *El Deán Funes en la historia argentina. Segunda edición.* Buenos Aires, Arnaldo Moen y hermano, editores, 1910. 262 p.

A study of his public life in the light of unedited documents.

711. Vega, Ventura de la. Opinión sobre Balcarce. See F. Balcarce.
712. Velasco y Arias, María. *Dramaturgia argentina. Tesis presentada para optar al doctorado en filosofía y letras (Universidad Nacional de Buenos Aires).* Buenos Aires, A. Molinari, 1913. 302, [1] p.

 After an introductory chapter the author studies the "Drama de costumbres" as represented by the works of F. Sánchez [Urug.], José de Maturana and Julio Sánchez Gardel; the "Teatro romántico" as represented by the plays of M. Coronado, Víctor Pérez Petit [Urug.]; and the "Teatro verista" in the work of V. Martínez Cutiño. Further classification brings out the "Teatro de ideas," (1) "Drama patológico," Otto Miguel Cione and Camilo Muniagurria; and, (2) "Drama jurídico," Roberto Payró and Alberto Ghiraldo; "Teatro ecléctico," David Peña and E. García Velloso; and finally "Españoles que han escrito para el teatro local," Justo López de Gomara, Xavier Santero and Camilo Vidal.

713. ——— Teatro ecléctico. El Dr. Peña como autor dramático. *Atl.*, XIII, 87-100.
714. Wilde, Eduardo. Poesías de Estanislao del Campo. *Rev. (1) Arg.*, VII, 683-94.
715. ——— Carta sobre la poesía. *Ibid.* VIII, 255-9.
716. ——— La poesía. Segunda carta. *Ibid.* VIII, 321-9.
717. "W. W." Groussac. *Nosotros*, XXIII, 31-4.
718. Zeballos, Estanislao S. Examen de la traducción del *Infierno* del Dante, p. 30-50 of the *Juicios críticos sobre el ensayo de traducción del Infierno del Dante, por Bartolomé Mitre.* [Buenos Aires. Félix Lajouane, editor. 1891. 140 p.]
719. ——— El Cancionero Popular. See *Cancionero* . . .
720. ——— Apuntaciones biográficas: Carlos A. Aldao, Nicolás Avellaneda, Lucas Ayarragaray, D. F. Sarmiento, Leopoldo Díaz, Juan Ramón Fernández, Clemente L. Frejeiro, Pedro Goyena, E. Lobos, F. P. Moreno, Matías Calendrelli. *Rev. de D. H. y L.*, I.[1]
721. ——— ——— Eduardo Olivera, Luis María Drago, Adán Quiroga, Manuel D. Pizarro, Ernesto Weigel Muñoz, Francisco J. Oliver, Wenceslao Escalante, Juan M. Garro, Godofredo Lozano, Ángel Ferrera Cortés, Federico Tobal, José Ingenieros. *Ibid.* II.
722. ——— ——— Pedro Agote, L. Berisso, Francisco Antonio Berra, Julio Carrié, Domingo Benjamín Dávila, Antonio Espinosa, Vicente C. Gallo, Tomás A. Le Breton, Félix Martín y Herrera, Jorge María Salvaire, Felipe Senillosa. *Ibid.* III.
723. ——— ——— José Juan Biedma, Mariano A. Carranza, Antonio Dellepiane, Pedro Ezcurra, Carlos Pellegrini. *Ibid.* IV.
724. ——— ——— Carlos Octavio Bunge, Martín García Mérou, Manuel E. Malbrán, Martín Ruiz Moreno. *Ibid.* V.
725. ——— ——— Juan A. Bibiloni, Miguel Cané, Diego T. R. Davison, J. Alfredo Ferreyra, Eduardo Guido, Pablo Lascano, Miguel F. Rodríguez. *Ibid.* VII.
726. ——— ——— Alejandro Gancedo, Benjamín Villafañe. *Ibid.* IX.

[1] Brief biographies appear as footnotes to articles published by the subjects of the sketches.

727. ———— ————Valentín Alsina (pp. 165-77, 334-50, 497-504), Pedro Delheye, José Nicolás Matienzo, Ezequiel Mexía. *Ibid.* X.
728. ———— ————Santiago Alcorta, Carlos Dimet, Benicio López, Víctor Mercante. *Ibid.* XII.
729. ———— ————Luis F. Navarro, Marcelino Reyes. *Ibid.* XIII.
730. ———— ————Norberto Piñero. *Ibid.* XIV, 13-14.
731. ———— ————Ricardo Colón, "Lady Juana," Héctor Perdriel. *Ibid.* XV.
732. ———— ————Martianino Leguizamón, Adolfo Mujica, Arturo Reynal O'Connor. *Ibid.* XVII.
733. ————Bibliografía. *De mi vida diplomática. Misión ante la Santa Sede,* por Vicente G. Quesada. *Ibid.* XVIII, 391-3.
734. ———— ————*Albores* por Mercedes Pujato de Crespo. *Ibid.* XVIII, 544-6.
735. ———— ————*Oda á la Independencia de América,* por Adán Quiroga. *Ibid.* XIX, 156-7.
736. ———— ————*La América Argentina y el caudillismo* por Lucas Ayarragaray. *Ibid.* XIX, 617-36.
737. ————Apuntaciones . . . Ernesto Bavio, Augusto Igarzábal, Teófilo Martínez, Prudencio Monzón, Pastor S. Obligado, Enrique Peña, Cipriano Soria. *Ibid.* XIX.
738. ————Bibliografía. *Poetas argentinos* por Reynal O'Connor. *Ibid.* XX, 491-2.
739. ———— ————Martín García Mérou, *Historia de la diplomacia americana. Política internacional de los Estados Unidos. Ibid.* XX, 651-2.
740. ————Apuntaciones . . . Enrique B. Demaría, Manuel García, Reynoso, Domingo T. Péñez, Alberto Tena. *Ibid.* XX.
741. ————Bibliografía. *Crónica histórica del Río Negro de Patagonia* por José Juan Biedma; *Nuevos cantos* por Calixto Oyuela. *Ibid.* XXI, 473-6.
742. ————Apuntaciones . . . Eduardo Bidau, Adolfo Sánchez. *Ibid.* XXI.
743. ————Bibliografía. *La Revolución contra la tiranía y la organización nacional,* por Martín Ruiz Moreno. *Ibid.* XXII, 327-9; XXIV, 267-77.
744. ————Apuntaciones . . . Carlos Ibarguren, David Peña. *Ibid.* XXIV.
745. ———— ————Ignacio Oyuela. *Ibid.* XXV, 255.
746. ————Bibliografía. *A través del mundo* por Carlos A. Aldao. *Ibid.* XXVI, 389-92.
747. ———— ————*Atlántida conquistada* por Leopoldo Díaz. *Ibid.* XXVI, 558-60.
748. ———— ————*Santiago de Liniers,* por P. Groussac. *Ibid.* XXX, 131-4.
749. ———— ————*Mujeres de Ibsen,* por Carlos Olivera. *Ibid.* XXX, 136-9.
750. ———— ————*Medallas* por Carlos Olivera. *Ibid.* XXXV, 154-5.

751. ——— El espíritu de mayo en la poesía popular. *Ibid.* XXXVI, 312-28.
752. ——— Bibliografía. *Jardines solos* por Arturo Capdevila. *Ibid.* XXXIX, 628-34.
753. ——— ——— *Don Jacinto de Láriz. Turbulencias de su gobierno en el Río de la Plata, 1646-1655,* por Enrique Peña. *Ibid.* XL, 578-80.
754. ——— ——— *Don Juan Ramón Zevallos* por Leonor Allende. *Ibid.* XLIII, 444-5.
755. ——— ——— *Nerón: los suyos y su época* por Luis Agote. Con un prólogo del doctor Osvaldo Magnasco. *Ibid.* XLVII, 270-2.
756. ——— ——— *Blasón de Plata . . .* de Ricardo Rojas. *Ibid.* XLVII, 277-85.
757. ——— *El limbo.* Poema dramatizado por "Dharma." *Ibid.* LVI, 274-86.
758. ——— Bibliografía. *La casa de los cuervos* por G. Martínez Zuviría ("Hugo Wast"). *Ibid.* LVII, 122-35.
759. ——— ——— *Un filósofo colonial,* por Carlos Joseph Montero. *Ibid.* LVII, 137-40.
760. ——— ——— *La novela de una joven maestra,* por Enrique Rivarola. *Ibid.* LVII, 283-4.
761. ——— ——— *Vida militar* por Hilario Orlandini. *Ibid.* LVIII, 100-2.
762. ——— ——— *Simplement* por Delfina Bunge de Gálvez. *Ibid.* LIX, 563-73.
763. ——— ——— *Cantos* por Jorge M. Rohde. *Ibid.* LXI, 278-80.
764. ——— ——— *Valle negro* de Hugo Wast. *Ibid.* LXI, 431-2.
765. ——— ——— *Estudios de historia argentina* por P. Groussac. *Ibid.* LXII, 403-4.
766. ——— ——— *Antología poética hispano-americana* por Calixto Oyuela. *Ibid.* LXIII, 142-4.
767. ——— ——— *Estudios históricos. La batalla de Ituzaingó* por el Dr. Clemento L. Frejeiro. *Ibid.* LXIV, 552-5.
768. ——— Rafael Obligado. *Ibid.* LXV, 541-60.
769. ——— Bibliografía. *Crónicas riojanas y catamarqueñas* por Salvador de la Colina. *Ibid.* LXV, 572-3.
770. Zimmerman Saavedra, Alfredo. Mariano Moreno. *Atl.,* X, 26-30.
771. Zinny, Antonio. *Juan María Gutiérrez, su vida y sus escritos.* Buenos Aires, Impr. y Lib. de Mayo, 1878. 111 p.

> Narration of his life with a chronological list of his works but no attempt at literary criticism. The Appendix (p. 77-111) includes the speeches pronounced at the funeral.

ADDITIONS.

772. Alonso Criado, Emilio. *Compendio de la literatura argentina.* Tercera edición. Buenos Aires, Est. Tip. Carbone, 1908. 93 p., 1 l. 18 cm.

Cited by Jones.[1]

---

[1] Cecil K. Jones, *Hispanic American Bibliographies* . . . Baltimore, The Hispanic American Historical Review, 1922. 200 p.

773. *Anuario de la prensa argentina, 1896.* Jorge Navarro Viola, Director. Buenos Aires, 1897. VII, 428 p. 18½ cm.

    Cited by Jones.

774. Barreda, Ernesto Mario. *Tierra adentro* por Victoria Gucovsky. *Nosotros,* XXXVIII, 522-5.

775. Beccar Varela, Adrián. *Plazas y calles de Buenos Aires, significación histórica de sus nombres, por Adrián Beccar Varela y Enrique Udaondo.* Buenos Aires, Talleres gráficos de la Penitenciaría Nacional, 1910. 2 v. 23½ cm.

    Cited by Jones.

776. *Buenos Aires. Catálogo metódico de la biblioteca. Antecedentes de su fundación y desarrollo desde 1863 hasta 1904.* Buenos Aires, Impr. europea de M. A. Rosas, 1904. XXVIII, 202 p.
1-4. Suplemento. Buenos Aires, Impr. europea de M. A. Rosas, 1904-8. 4 vols.

    Cited by Jones.

777. Bunge de Gálvez, Delfina. A propósito del realismo. *Nosotros,* XXXVI, 305-17.

    Illustrated with references to the works of Manuel Gálvez.

778. Camino, Miguel A. Un recuerdo de Florencio Sánchez [Urug.]. *Ibid.* XXXVII, 90-3.

779. Carrasco, Gabriel. El periodismo en la República Argentina. (In *Boletín demográfico argentino, publicación de la Oficina Demográfica Nacional.* Buenos Aires, 1901. 36 cm. Año II, num. 5, p. 1-33.)

    " A list of periodicals and newspapers published in 1899 giving name, place, character, price and other data." Jones, *Hisp. Amer. Bibliog.,* p. 48.

780. Colmo, Alfredo. El modernismo literario en la Argentina. *Nosotros,* XXXVII, 194-9.

781. Coronado, Martin. *Literatura americana.* Angel Estrada. Buenos Aires.

    Cited by E. C. Hills in outline of Spanish American Literature (104).

782. Costa Álvarez, Arturo. Juan María Gutiérrez y el idioma. *Nosotros,* XLII, 289-302.

783. *Diccionario biográfico de contemporáneos sudamericanos . . . Vol. 1-2. A-E.* Buenos Aires, H. Lacquanti y cía . . . 1898. 2 v.

    "No more was published." Jones, *Hisp. Amer. Bibliog.,* p. 49.

784. Diego, Rafael de. Letras argentinas. Poesía. [Don Ernesto Morales]. *Devociones de Nuestra Señora La Poesía,* compuestas por Don Enrique Méndez Calzada. *Nosotros,* XXXVIII, 106-12.

785. —————— ——————Poesía. *Íntima,* libro póstumo de Ernesto P. Turini (hijo). *Ibid.* XXXVIII, 535-40.

786. —————— Las poesías de Rafael Obligado. *Ibid.* XXXIX, 240-6.

787. ——— Letras argentinas. Poesía. *Horas de sosiego*, por Alcira Bonazzola; *Chacayaleras*, por Miguel E. Camino; *Las urnas de ébano*, por Horacio Caillet Bois; *Sencillez*, por Eugenio Iglesias; *Las acequias y otros poemas*, por Roberto Mariani; *Paisajes y elegías*, por Arturo Marasso Rocca; *El milagro inicial*, por Julio Vignola Mansilla; *El himno de mi trabajo*, por Ernesto Mario Barreda. *Ibid.* XL, 517-24.

788. ——— ——— *La fiesta del mundo*, por Arturo Capdevila; *Cantos de la montaña*, por Juan Carlos Dávalos; *Poemas de provincia*, por Alfredo R. Bufano, *Campanas en la tarde*, por González Carbalho; *Canción de vacaciones*, por Carlos Merlino. *Ibid.* XLI, 511-15.

789. Estrada, Santiago. El gaucho Martín Fierro. 1879. In *La América del Sur*, anónimo, and in *Miscelánea*, 1880.

Cited by Cejador y Frauca.[1]

790. " F. G." Letras argentinas. *Cantos de mi camino*, poesías por Oscar Tiberio; *El Teniente Coronel Fray Luis Beltrán*, drama heróico por Arturo Giménez Pastor [Urug.]. *Nosotros*, XXXV, 515-18.

791. Fregeiro, Clemente L. *Vidas de argentinos ilustres. Nueva edición corregida . . . e illustrada con retratos.* Buenos Aires, P. Igón y cía. 1899. 2 p. l., [7]-206 p. ports. 17½ cm.

"Lives of Vieytes, Moreno, Belgrano, López y Planes, San Martín, Luca, Rivadavia, Agüero, Cruz, Varela, Agrelo, Mármol, Urquiza, Sarmiento, Avellaneda." Jones, *Hisp. Amer. Bibliog.*, p. 49.

792. Gabriel, José. Permanezco en mi trece. *Nosotros*, XXXVII, 364-80.

Reply to an article by Luis Rodríguez Acasuso (q. v.).

793. ——— *Evaristo Carriego, su vida y su obra.* Editorial Justicia, Buenos Aires, 1921.

Cited in *Nosotros*.

794. González, Joaquín V. *D. F. Sarmiento y su obra.* Buenos Aires, 1913.

Cited by Cejador y Frauca.

795. González del Solar, Andrés. Juicio crítico sobre el *Martín Fierro*. 1881.

Cited by Cejador y Frauca.

796. Goycoechea Menéndez, Luis Stella. Andrade (Published in *Los Primeros*, Cordoba, 1897).

Cited by Cejador y Frauca.

797. Groussac, Paul. *Noticia histórica sobre la Biblioteca de Buenos Aires (1810-1901). Edición conmemorativa de su instalación en el nuevo edificio inaugurado el 27 de diciembre de 1901.* Buenos Aires, Coni hermanos, 1901. 63 p. front. (port.), plates. 26 cm.

Cited by Jones.

[1] Cejador y Frauca, *Historia de la lengua y literatura castellana* . . .

798. *Hombres del día 1917; el diccionario biográfico argentino en el cual se ha incorporado "Who's who in Argentina 1917."* 1. año. Buenos Aires, Socd. Inteligencia Sudamericana, [1917]. LXIV + 245, c p. 21 cm.

Cited by Jones.

799. Irazusta, Julio. Letras argentinas. *Los que pasaban*, por Paul Groussac; *La literatura y la gran guerra*, por Carlos Ibarguren. *Nosotros*, XXXV, 389-98.
800. ———Letras argentinas. *Los cilicios*, por Pablo Suero. *Ibid.* XXXV, 514-5.
801. ——— ———*Estudios literarios*, por Jorge M. Ròhde; *Las salvaciones*, por José Gabriel; *Evolución en el concepto del patriotismo*, por A. Arigós de Elía. *Ibid.* XXXVI, 85-94.
802. ——— ———*Avellaneda*, por Aníbal Ponce; *Anatole France, el aspecto social de su obra*, por Roberto F. Giusti; *Estudios literarios*, por Arturo Marasso Roca. *Ibid.* XXXVI, 236-40.
803. Martínez, Benigno T. *Antología argentina; colección de trozos históricos crítico-literarios; discursos y poesías patrióticas de escritores argentinos en prosa y verso; precedidas de breves rasgos biográficos y bibliográficos desde la época colonial hasta nuestros días.* Buenos Aires, J. Peuser, 1890-91. 2 v. 19 cm.

Cited by Jones.

804. Martínez Cuitiño, Vicente, and Giusti, Roberto F. Alrededor de la vida de Florencio Sánchez (Polémica). *Nosotros*, XXXV, 351-60.
805. Massey, Virginia B. de. *Semblanzas argentinas. (Bosquejos biográficos.)* Buenos Aires, J. Perrotti, 1917. 108 p. illus. (ports.). 20½ cm.

"44 biographical sketches." Jones, *Hisp. Amer. Bibliog.*, p. 53.

806. Mazza, Alberto J. *Almafuerte.* Rosario. 1917.

Cited by Cejador y Frauca.

807. Mota, Arturo de la. Apuntes sobre la crítica literaria en la Argentina. *Nosotros*, XL, 503-11.
808. Muzio Sáenz Peña, Carlos. Héctor Pedro Blomberg. *Nosotros*, XXXVI, 366-71.
809. ———*La casa por dentro* [novel by Juan Palazzo]. *Ibid.* XXXVII, 492-8.
810. Navarro Viola, Miguel. *El gaucho Martín Fierro.* 1878.

Cited by Cejador y Frauca.

811. Noé, Julio. Letras argentinas. *Sobre nuestra incultura*, por Juan Agustín García. *Nosotros*, XLI, 215-9.
812. ——— ———*Las vísperas de Caseros*, por Arturo Capdevila; *El sofista*, comedia . . . por Diego Luis Molinari. *Ibid.* XLI, 509-11.

813. ———— ————Verso. *Cartilla romántica,* por Carlos B. Quiroga; *Los consuelos,* por Héctor Rodríguez Pujol; *Las cámaras del rey,* por Carlos M. Grünberg; *El poema de la lluvia,* por Horacio A. Rega Molina. *Ibid.* XLII, 252-4.

814. ———— ————Prosa. *Al margen de la escena (Escolios de estética teatral),* por Jean Paul; *Relatos argentinos,* por Paul Groussac; *Jesús en Buenos Aires,* por Enrique Méndez Calzada; *Victoria Colonna* . . . por Moisés Kantor. *Ibid.* XLII, 544-8.

815. Pelliza, Mariano A. *Andrade. Boceto biográfico.* 1885. In *Glorias argentinas.*

Cited by Cejador y Frauca.

816. Ponce, Aníbal Norberto. *Las puertas de Babel,* por Héctor Pedro Blomberg; *Desnudos y máscaras,* por Ernesto Mario Barreda. *Nosotros,* XXXVI, 240-3.

817. ————Letras argentinas. *A la deriva,* por Héctor Pedro Blomberg; *El caminante,* novela de Héctor Olivera Lavié. *Ibid.* XXXVI, 535-41.

818. ————*Avellaneda.* Editor "Coni." Buenos Aires, 1920.

Cited in *Nosotros.*

819. ————Letras argentinas. *Adriana Zumarán,* novela de Carlos Alberto Leumann; *Lucha de alas,* comedieta lírica . . . por Ernesto Mario Barreda; *La flauta de caña,* por Luis L. Franco; *La quietud del remanso,* poesías de Juan Burghi. *Ibid.* XXXVII, 97-105.

820. ————*Del teatro al libro, ensayos críticos sobre teatro argentino y extranjero, arte y literatura,* por Luis Rodríguez Acasuso; *Luna de miel y otras narraciones,* por Manuel Gálvez; *Muertos, heridos y contusos,* por Alberto Hidalgo; *Crisales, Cuentos fantásticos,* por Mario Flores; *Evaristo Carriego, su vida y su obra,* por José Gabriel. *Ibid.* XXXVII, 383-94.

821. ————*Las ideas estéticas en la literatura argentina,* por Jorge Max Rohde; *Las espontáneas,* por Manuel Ugarte; *La casa por dentro,* por Juan Palazzo. *Ibid.* XXXVII, 507-12.

822. ————Letras argentinas. Prosa. *Un idealismo estético. La filosofía de Jules de Gaultier,* por Mariano Antonio Barrenechea. *Ibid.* XXXVIII, 101-6.

823. ———— ————*Cerro nativo,* por Carlos B. Quiroga. *Ibid.* XXXVIII, 394-402.

824. ———— ————Prosa. *Bordeland,* por Atilio Chiappori; *Tierra adentro,* por Victoria Gucovsky; *Mitre. Una década de su vida política,* por Rodolfo Rivarola; *Filosofía política argentina,* por Ernesto Laclau. *Ibid.* XXXVIII, 541-7.

825. ———— ————Prosa. *Del sitio de Buenos Aires al campo de Cepeda,* por Ramón J. Cárcano; *Glosas y escolios,* por José Fernández Coria. *Ibid.* XXXIX, 265-70.

826. ———— ————*Anaconda,* por Horacio Quiroga. *Ibid.* XXXIX, 404-6.

827. ———— ————Prosa. *Evocaciones,* por Jorge Max Rohde; *La*

historia considerada como género literario, por Jose Marín Monner Sanz. *Ibid.* XXXIX, 526-9.

828. ———— ————*Estrella federal,* novela de J. Cobos Daráct; *Historia sin importancia,* por Víctor Juan Guillot. *Ibid.* XL, 117-20.

829. Ripa Alberdi, Héctor. *Paisajes y elegías,* de Arturo Marasso Rocca. *Ibid.* XL, 407-12.

830. Rodríguez Acasuso, Luis. Teatro nacional. *Te quiero, te adoro,* Comedia . . . de Roberto Gache; *La madrecita,* comedia de F. Defilipis Novoa. *Ibid.* XXXVI, 104-12.

831. ———— ————*En la corriente,* pieza en cuatro actos del Doctor Gonzalo Bosch; A propósito de los recientes estrenos. *Ibid.* XXXVI, 250-9.

832. ————*La mala sed,* de Samuel Eichelbaum; *La mujer del viejo,* de Jorge Downton; *Madre tierra,* de Alejandro Berruti; *Isabel* de Alfredo Duhau; *El mundo de los snobs,* de Juan Agustín García. *Ibid.* XXXVI, 389-408.

833. ————Teatro nacional. *En un rincón de la selva,* de Ricardo A. Paz; *Más fuerte que nosotros,* de Arturo Abalos; *Los salvajes,* de Alberto Ghiraldo. *Ibid.* XXVI, 542-4.

834. ————Contestando á una crítica. *Nosotros,* XXXVII, 253-62.

An answer to a review of *Del teatro al libro* published by José Gabriel in *El Hogar.* See José Gabriel.

835. ————Teatro nacional. *Los sacrificados,* de Horacio Quiroga. *Nosotros,* XXXVII, 263-9.

836. ———— ————*La Sulamita,* de Arturo Capdevila; *Cartas de amor,* de José León Pagano. *Ibid.* XXXVI, 529-44.

837. ————Terminemos de una vez. *Ibid.* XXXVII, 545-9.

A further reply to José Gabriel (*q. v.*).

838. Rohde, Jorge Max. *Las ideas estéticas en la literatura argentina.* Impr. y casa Editora " Coni," Buenos Aires, 1921.

Cited in *Nosotros.*

839. Rojas, Ricardo. Andrade. (Conferencia). Madrid. 1907. *La Lectura.*

Cited by Cejador y Frauca.

840. ————El poeta Ricardo Gutiérrez. *Nosotros,* XXXVI, 293-303.

841. Sáenz, Mario. *La poesía gauchesca.* 1899.

Cited by Cejador y Frauca.

842. Scheimberg, Simón. *El sendero de las tinieblas* [drama en tres actos de D. Edmundo Guibourg]. *Nosotros,* XXXVIII, 559-68.

843. Torres, Juan M. *Apreciaciones sobre Martín Fierro.* 1873.

Cited by Cejador y Frauca.

844. Ugarte, Manuel. *La joven literatura hispanoamericana. Antología de prosistas y poetas. Segunda edición con un apéndice.* Paris, A. Colin, 1912. XLVII, [2], 324 p. 18 cm.

" Contains bio-bibliographical data." Jones, *Hisp. Amer. Bibliog.,* p. 41.

845. Valdés, C. R. *Domingo F. Sarmiento y su obra.* Buenos Aires, 1913.
   Cited by Cejador y Frauca.
846. Zubillaga, Juan Antonio [Uruguayan]. Una novela de Ángel de Estrada, *Cadoreto. Nosotros,* XL, 77-89.
847. Diego, Rafael de. Letras argentinas. *Fugacidad,* por Rafael Alberto Arrieta; *El ópalo escondido,* por Fernán Félix de Amador; *Ocio* por Pedro González Gastellú; Poesía criolla [*Espejos nativos* by Julio Díaz Usandivaras, and *La guitarra del pueblo* by Edmundo Montagne]; *De mi soledad,* por Ernesto Bancalari. *Ibid.* XXXIX, 516-25.
848. Coronado, Nicolás. Letras argentinas. *Máximo Gorki* [by Alejandro Castiñeiras]. *Nosotros,* XXXIII, 259-63.
849. *Nosotros.* The April number of volume XXXIV is devoted to Rafael Obligado who died in Mendoza, March 8, 1920.

   " Rasgos biográficos," p. 410-11.
   ." Rafael Obligado. El poeta—el hombre," by Ernesto Quesada, p. 412-47. This article was reprinted with some additions. See E. Quesada, *Rafael Obligado.* . . .
   " Rafael Obligado " by P. Groussac, p. 455-8.
   " Rafael Obligado íntimo. Recuerdos sobre el poeta y el amigo," by Alberto del Solar, p. 459-68.
   " Don Rafael Obligado en la Facultad de Filosofía y Letras," by Rodolfo Rivarola, p. 469-71.
   " Rafael Obligado," by Carlos Vega Belgrano, p. 472-77.
   " Rafael Obligado," by Julio Noé, p. 478-81.
   " Palabras de Obligado," by Eloy Fariña Núñez, p. 481-4.
   " El numen de Obligado," by Enrique E. Rivarola, p. 488-91.
   " Rafael Obligado," by Ernesto Mario Barreda, p. 491-5.
   Idem, by Carmelo M. Bonet, p. 496-500.
   " Obligado y su momento histórico," by Marcos M. Blanco, p. 501-13.
   " Rafael Obligado," by Oscar Tiberio, p. 514-17.
   Idem, by Arturo Vázquez Cey, p. 518-20.
   Idem, by Myriam Gray, p. 522-4.
   Idem, by Calixto Oyuela, p. 525-40.
   " Algunas cartas de la juventud del poeta," p. 541-8.
   " Discursos pronunciados en el sepelio [by Juan Agustín García, Miguel F. Rodríguez, Carlos F. Melo and Angel de Estrada], p. 549-56.

850. G[iusti], R[oberto]. Letras argentinas. *Una vaga ausencia,* por Pablo della Costa (hijo); *Protasio Lucero,* por B. González Arrili; *Llamas en la noche,* versos de Belisario Roldán; *Medicina de agujeros,* por Segundo Huarpe; *Los mejores cuentos.* Selección y prólogo de Manuel Gálvez; *Samsara (Poemas cortos)* por C. Muzio Saenz-Pena. *Nosotros,* XXXIII, 574-9.
851. ——— ——— *Al borde del sendero* . . . , por Juan Burghi; *El salvaje,* por Horacio Quiroga. *Ibid.* XXXIV, 392-4.
852. Parker, William Belmont. *Argentines of to-day.* New York, The Hispanic Society of America, 2 v. (Hispanic notes and monographs, v. 5.)

   This collection of biographies was first printed in Buenos Aires, and therefore falls within the scope of this study.
   Includes many literary men.

INDEX

(Names of institutions, books and periodicals are printed in Italics; pseudonyms are indicated by quotation marks.)

Abalos, Arturo, 833.
Acevedo, Cyro de, 84.
Achával, Hugo de, 196.
Agote, Luis, 443, 462, 755.
Agote, Pedro, 722.
Agrelo, Pedro José, 112, 190, 791.
Agüero, Juan Manuel Fernández de, 550.
Agüero, Julián Segundo, 190.
Aguirre, Francisco, 312.
Aita, Antonio, 531.
Alberdi, Juan Bautista, 44, 65, 110, 111, 125, 127, 177, 205, 206, 212, 214, 300, 303, 316, 353, 358, 386, 435, 437, 461, 462, 525, 530-2, 535, 574-5, 581, 593, 596, 600, 616, 622, 637, 645, 677.
Alcalá Galiano, 172.
Alcorta, Diego, 311, 316.
Alcorta, Santiago, 728.
Aldao, Carlos A., 300, 720, 746.
Aldao, Martín, 196, 446, 462, 515.
Alem, Leandro, 668.
Alfonso, Luis, 204.
Alier, Manuel J., 374.
Alippi, E., 170.
"Almafuerte," See Pedro B. Palacios.
Alsina, Adolfo, 300.
Alsina, Valentín, 727.
Alvaredo, Rudecindo, 194.
Álvarez, Agustín, 273, 354, 466, 479-80, 503.
Álvarez, José S., ("Fray Mocho"), 372 (2), 503, 610.
Alvear, Diego de, 310, 316.
Allende Iragorri, Tomás, 34.
Allende, Leonor, 754.
Amador, Fernán Félix de, 137, 847.
Ambrosetti, Juan Bautista, 153.
Andrade, Olegario Víctor, 29 (2), 34, 43, 97, 130, 182, 207, 345, 368,
373-4, 400, 434, 465, 478, 550, 796, 815, 839.
Ángelis, Pedro de, 126.
Anthologies, See Literature, Argentine, anthologies.
Anuario Bibliográfico . . . , 20.
Anuario de la prensa argentina, 773.
Aquino, Pedro Benjamín, 489.
Arata, Pedro N., 297.
Araújo, José Joaquín, 371-2.
Argentine National Hymn, 390, 547.
Argerich, Antonio, 124, 204.
Argerich, Juan Antonio, 300.
Arigós de Elía, A., 801.
Arrarte Victoria, Leandro, 372.
Arrieta, Rafael Alberto, 34, 139, 196, 236, 443, 462, 847.
Arteaga, Alfredo de, 34, 196, 446.
Ascasubi, Hilario, 34, 47, 186, 345, 375, 402, 501, 550, 634.
Asociación de Jóvenes, La, 172.
Asociación de Mayo, La, 302, 355.
Ateneo, El, 649.
Avellaneda, Marco, 550.
Avellaneda, Nicolás, 24, 30-2, 199, 202, 209, 221, 291, 298, 317, 400, 436, 459, 504, 531, 534, 569, 570, 580, 618, 720, 791, 818.
Ayarragaray, Lucas, 125, 235, 720, 730.
Aymerich, Juan, 34, 236.
Azcuénaga, Domingo de, 34, 550.

Baibiene, Luis, 286, 293.
Baíres, Carlos, 115.
Balcarce, Florencio, 33-4, 322, 328, 345, 516, 550, 679, 688, 711.
Bancalari, Ernesto, 847.
Banchs, Enrique J., 1, 34, 233, 242, 250-2, 425, 531.
Baqué, Santiago, 461.

83

Barco Centenera, Martín, 337, 375, 636, 699.
Barra y Llanos, Sra. de la, ("Cesar Duayen"), 424, 515, 549, 709.
Barreda, Ernesto Mario, 34, 135, 243, 250, 252, 257, 685, 689, 787, 816, 819.
Barrenechea, Mariano Antonio, 460, 462, 822.
Baty, Tomás, 531.
Bavio, Ernesto, 737.
Bayón Herrera, Luis, 89, 170-1, 397.
Bedoya, Eusebio de, 402, 501.
Belgrano, Manuel, 629-31, 791.
Belgrano, Miguel de, 550.
Berisso, Emilio, 56, 456, 490, 606.
Berisso, Luis, 81, 304, 515, 722.
Berra, Francisco Antonio, 722.
Berruti, Alejandro, 832.
Bianchi, Edmundo, 170.
Bibiloni, Juan A., 725.
Bibliography, See Literature, Argentine, bibliography.
Biblioteca Nacional, La, 294, 296, 776, 797.
Biblioteca Popular . . . , 20.
Bidau, Eduardo L., 300, 742.
Biedma, José Juan, 723, 741.
Bifti, Alcibiades, 169, 171.
Blomberg, Héctor Pedro, 808, 816, 817.
Bois, Horacio Caillet, 787.
Bonazzola, Alcira, 787.
Bosch, Gonzalo, 171, 831.
Bosch, Mariano G., 168, 171.
Bourguet, Lola S. B. de, 134.
Bravo, Mario, 34, 140, 531, 685.
Bufano, Alfredo R., 357, 685, 788.
Bunge, Carlos Octavio, 198, 231, 244, 348, 349, 356, 367, 375, 399, 416, 531, 571, 601, 642, 684, 724.
Bunge de Gálvez, Delfina, 608, 685, 762.
Burghi, Juan, 819, 852.
Burgos, Fausto, 685.
Bustamante, P., 98.
Byron, Lord, 276.

Calendrelli, Matías, 298, 720.
Calou, Juan Pedro, 142.
Calvo, C., 562.
Calzadilla, Santiago, 649.
Callorda, Pedro Erasmo, 372.
Cambaceres, Eugenio, 204.
Camino, Miguel E., 787.
Campo, Cosme del, 76.
Campo, Estanislao del, 34, 47. 280, 281, 293, 345, 375, 486, 550, 634, 702, 714.
Campo, Ricardo del, 132, 531.
Cancela, Arturo, 170-1.
Cancionero popular, El, 63, 93, 342, 403, 473, 719.
Cané, Miguel, 96-7, 100, 138, 148, 168, 207, 297, 505, 524, 545, 558, 562, 573, 585, 602, 699, 725.
Cantilo, José María, 493, 550.
Capdevila, Arturo, 34, 129, 133, 139, 196, 256, 443, 462, 685, 752, 788, 812, 836.
Caraballo, Gustavo, 34, 139, 359, 374, 531.
Caraffa, Pedro I., 531.
Cárbia, Rómulo D., 447.
Cárcano, Ramón J., 145, 204, 305, 825.
Carducci, Giosuè, 685.
Carranza, Adolfo P., 104, 115, 238, 531, 672.
Carranza, Ángel Justiano, 62, 375, 531.
Carranza, Mariano A., 723.
Carrera, José Miguel, 699.
Carrié, Julio, 722.
Carriego, Evaristo, 34, 241, 252, 395, 427, 438, 452, 462, 464, 793.
Cartey, Guido A., 238.
Casacuberta, José, 699.
Casariego, Raúl, 490.
Casavalle, Carlos, 375.
Castagnola, Demetrio, 171.
Castañeda, Padre, 510, 648.
Castellanos, Joaquín ("Dharma"), 34, 207, 252, 462, 538, 550, 757.
Castellanos, Julio, 171.

Castiñeiras, Alejandro, 848.
Castro, Eugenio del, 81.
Cayol, Roberto, 41, 170-1, 396, 606.
Cervantes Saavedra, Miguel de, 608.
Cione, Otto Miguel, 50, 168-9, 171, 372, 606, 712.
Cobos Daráct, J., 828.
Colegio de San Carlos, El, 608, 685.
Colina, Salvador de la, 375, 769.
Collections of biographies, See Literature, Argentine, collections . . .
Colón, Ricardo, 731.
Comella, Luciano Francisco, 67.
Concolorcorvo, Bustamante, 371-2.
Congreso literario latino americano, 562.
Contreras, B., 685.
Cordiviola, Cleopatra, 685.
Coronado, Martín, 34, 58, 59, 168, 207, 252, 550, 690, 712.
Correa Luna, Carlos, 144.
Corvalán Mendilaharsu, Dardo, 531.
Costa, Pablo della (hijo), 132, 850.
Courandier, Camilo de, 171.
Courval, M., 257.
Cruz, Ramón de la, 67.
Cuenca, Claudio Mamerto, 34, 345, 550, 637, 690.
Cuyás y Sampere, Antonio, 641.

Chantrel, J., 257.
Chassaing, Juan, 29, 30, 34, 345.
Chiaporri, Atilio M., 242, 824.
Chueco, Manuel C., 2.

D'Annuncio, Gabriel, 246.
Dante Alighieri, 401, 718.
Dávalos, Juan Carlos, 141, 685, 788.
Dávila, Domingo Benjamín, 722.
Davison, Diego T. R., 725.
Defilipis Novoa, F., 830.
Delfino, Victorio M., 265.
Delheye, Pedro Mario, 258, 727.
Dellepiane, Antonio, 304, 638, 723.
Demarchi, Andrés A., 169, 171, 246.
Demaría, Enrique, 740.
" Dharma," See Joaquín Castellanos.
Díaz de Guzman, Ruy, 314, 636.

Díaz, Leopoldo, 34, 80, 82, 85 (2), 124, 207, 252, 303, 550, 720, 747.
Díaz, Olazabal, Adriano, 606.
Díaz Romero, Eugenio, 34, 451.
Díaz, Usandivaras, Julio, 685, 847.
Diego, Rafael de, 133, 267.
Dimet, Carlos, 727.
Discépolo, A., 171.
Domínguez, Luis L., 34, 304, 501, 550.
Downton, Jorge, 832.
Drago, Luis María, 298, 721.
" Duayen, Cesar," See Sra. de la Barra y Llanos.
Duhau, Alfredo, 170, 171, 456, 489, 832.

Ebelot, Alfredo, 563.
Echagüe, Juan Pablo (" Jean Paul "), 55, 59, 171, 218, 243, 814.
Echeverría, Esteban, 5, 10, 29, 34, 45, 46, 48, 173, 210, 285, 293, 302, 326, 332, 334, 338, 345, 355, 414, 471, 506, 514, 516, 550, 613, 615, 634, 637, 665, 687, 696, 705.
Eichelbaum, Samuel, 832.
Elflein, Ada M., 685.
Encina, Carlos, 34, 97, 345, 550.
Escalante, Wenceslao, 721.
Espinosa, Antonio, 722.
Esquiú, Mamerto, 29, 30, 107, 289, 484.
Estrada, Angel de (hijo), 34, 73, 176, 252, 462, 487, 496, 568, 608, 781, 846.
Estrada, José Manuel, 61, 207, 220-1, 278, 293, 301, 317, 460, 515, 603, 643, 644, 707.
Estrada, Santiago, 207, 434.
Ezcurra, María Josefa, 185.
Ezcurra, Pedro, 723.

Fernández Coria, José, 825.
Fernández de Avellaneda, Alonso, 608.
Fernández de la Puente, J. Luis, 34, 448.
Fernández Duque, Lorenzo, 171.

Fernández Espiro, Diego, 34, 375.
Fernández, Francisco F., 175, 699.
Fernández, Juan Ramón, 720.
Fernández Moreno, B., 131, 136, 142, 257, 258, 685.
Ferrera Cortés, Angel, 721.
Ferreyra, J. Alfredo, 725.
Figueroa, Pedro Pablo, 405.
Flores, Mario, 820.
Fontana, Luis J., 29, 30.
Fontanela, Agustín, 171.
France, Anatole, 802.
Franco, Luis L., 819.
Frejeiro, Clemente L., 207, 297, 720, 767.
Frexas, Enrique, 168, 171.
Frías, Félix, 180, 184, 290, 680, 696.
Fuente, Eulogio de la, 257, 430.
Funes, Gregorio, 195, 246, 531, 710.

Gabriel, José, 801, 820, 834, 837.
Gache, Roberto, 147, 830.
Gache, Samuel, 304.
Galíndez, Bartolomé, 685.
Gálvez, Manuel (hijo), 34, 191, 193, 196, 234, 257, 263, 454, 462 (2), 477, 495, 502, 531, 685, 777, 820, 850.
Gallo, Vicente C., 722.
Gancedo, Alejandro (hijo), 51, 726.
Garat, Damián P., 15.
García Costa, Rosa, 260.
García, Juan Agustín (hijo), 239, 300, 424, 491, 569, 811, 832.
García Mérou, Martín, 34, 124, 161, 179, 206, 298, 520, 550, 559, 562, 690, 724, 739.
García, Rafael, 107.
García Reynoso, Manuel, 740.
García Velloso, Enrique, 88, 168-71, 606, 712.
Garmendia, José Ignacio, 531.
Garmendia, Miguel Ángel, 531.
Garriga, Antonio, 374.
Garro, Juan M., 721.
Garzón, Eugenio, 649.
Garzón, Ignacio, 221.
Gerchunoff, Alberto, 374, 531, 685.

Ghiraldo, Alberto, 34, 41, 169, 187, 268, 431, 476, 518, 521, 653, 654, 685, 712, 833.
Gil, Juan, 170-1.
Gil, Martín, 168.
Giménez, Aníbal Marco, 372.
Giménez Pastor, Arturo, 169-71, 460, 790.
Giusti, Roberto F., 36, 134, 257, 531, 802.
Godoy, Juan Gualberto, 34, 345, 550, 666.
Godoy, Rosario P. de, 171.
Gomez Carillo, Enrique, 653.
Gómez, Hamlet, 171.
Gómez, Juan Carlos, 303, 501, 637, 699.
Gonzalez Arrili, B., 850.
González Calderón, Luciano, 34, 365.
González Carbalho, 788.
González Castillo, José, 59, 170-1.
González del Solar, 345.
González Gastellú, Pedro, 134, 847.
González, Joaquín V., 84, 125, 298, 408, 446, 457, 462, 503, 610.
González Pacheco, Rafael, 606.
Gorriti, Juana Manuela, 181, 182, 345, 578, 607, 673.
Gorriti, Juan Ignacio, 624.
Goycoechea Menéndez, Martín, 372.
Goyena, Pedro, 157, 176, 209, 297, 317, 400, 640, 720.
Greca, Alcides, 491.
Groussac, Paul, 24, 26, 29, 30, 105, 108, 201, 204, 270, 307, 381, 462, 475, 543, 608, 717, 748, 765, 799, 814.
Grünberg, Carlos, 813.
Guastavino, José M., 305.
Gucovsky, Victoria, 774, 824.
Guerrico, Manuel José, 328.
Guevara, José, 313, 316.
Guibourg, Edmundo, 842.
Guido, Eduardo, 725.
Guido y Spano, Carlos, 20, 34, 49, 204, 209, 228, 252, 288, 293, 318, 319, 345, 360, 361, 409, 462, 468,

500, 514, 519, 523, 550, 572, 593, 605, 635, 690.
Guillot, Víctor Juan, 828.
Güiraldes, Ricardo, 262.
Gutiérrez, Eduardo, 204, 400, 692.
Gutiérrez, Federico A., 34.
Gutiérrez, Juan María, 6, 29, 30, 34, 173, 277, 285, 293, 321 n., 327, 332, 334, 345, 419, 516, 526, 531, 539, 550, 604, 637, 697, 699, 771, 782.
Gutiérrez, Ricardo, 22, 24, 34, 96-7, 182, 209, 276, 293, 300, 379, 482, 550, 692, 699 (2), 840.

Harvey, Carlos, 286, 293.
Henríquez, Camilo, 526.
Hernández, José, 12, 34, 70, 318, 345, 367, 375 (2), 393, 499, 550, 632, 634, 789, 795, 810, 843.
Herrero, Antonio, 346, 531, 685.
Hicken, Ricardo, 59, 606.
Hidalgo, Alberto, 820.
Hidalgo, Bartolomé, 47, 372, 376, 516, 634.
Historians, See Literature, Argentine, historians.
Holmberg, Eduardo L., 96.
Horace (Quintus Horacius Flaccus), 79, 83, 515.
"Huarpe, Segundo," 850.
Hugo, Víctor, 465, 562.
Hurtado, Antonio, 400.

Ibarguren, Carlos, 15, 259, 744, 799.
Ibarra, Juan Felipe, 194.
Igarzábal, Augusto, 737.
Iglesias, Eugenio, 787.
Iglesias Paz, César, 56, 59, 91, 170, 171, 606, 638.
Imhof, Francisco, 606.
Indarte, José Rivera, 34, 345, 470, 550, 637.
Ingenieros, José, 86, 168, 196, 241, 531, 721.
Iniciador, El, 172.
Ipiña, Luis, 257.
Iriarte, Tomás, 304.
Irigoyen, Bernardo de, 298.

Jesuits, 636.
Jordán, Luis María, 34, 236, 259, 455, 462, 531.
"Juana, Lady," 731.

Kantor, Moisés, 147, 814.

Labardén, Manuel José de, 34, 47, 128, 322, 323, 345, 516, 550, 593, 595, 636.
Laclau, Ernesto, 824.
Lacunza, Manuel, 221.
Laferrère, A., 699.
Laferrère, Gregorio, 40, 168, 171.
Lafinur, Juan Crisóstomo, 34, 224-5, 322, 327, 345, 420, 526, 550, 591.
Laínez, Manuel, 207.
Lamarque, Adolfo, 287, 293, 550.
Lamas, A., 375.
Lamberti, 374.
Lancelotti, Miguel A., 116.
Landívar, Gustavo M., 170-1.
Lara, J. de, 170.
Larreta, Enrique, 1, 244.
Laruso, Arturo, 171.
Lascano Tegui, Pablo, 441, 462, 725.
Lavalle Cobo, Jorge, 381.
Lavardén, Manuel José, See Manuel José de Labardén.
Lázaro, A., 59.
LeBreton, Tomás A., 722.
Leguizamón, Martiniano, 24, 123, 243, 246, 272, 299, 374, 493, 503, 732.
Leumann, Carlos Alberto, 34, 171, 244, 819.
Levene, Ricardo, 169, 171, 531.
Levillier, Roberto, 589.
Libonati, V. J., 171.
Literature, American, 325, 388, 474.
  North American, 172.
  romances, 610.
  South American, 333, 423, 424, 472, 514, 637, 691, 692.
Literature, Argentine, 3, 47, 85, 160, 210, 252, 271, 318, 325, 331, 340, 372, 515, 522, 552, 563-5,

583, 584, 587, 612, 633, 674, 701, 780, 781, 838.
anthologies, 516, 550, 803, 844.
bibliography, 551, 554.
classicism, 555, 562.
clerical writers, 104, 238.
collections of biographies, 64, 162-4, 190, 194-5, 309, 322, 345, 419, 501, 540, 775, 783, 798, 805, 852.
Colonial literature, 583, 587, 636.
criollo literature, 374, 565, 692-3.
floral games, 400, 553, 562.
folklore, 315, 379, 610, 634.
gaucho poetry, 70, 72, 125, 565, 634, 841.
historians, 588, 636.
histories of, or summaries of periods, 11, 23, 24, 34, 47, 160, 188, 196, 216, 217, 366, 412, 421, 424, 428, 445, 583-4, 587, 634, 636-7, 701, 772.
journalism (See also newspapers and periodicals), 411, 557, 562, 667.
literary contests (See also floral games), 171.
literary criticism, 57, 59, 522, 562-3, 807.
newspapers and periodicals (See also journalism), 20, 221, 411, 562, 779.
oratory, 292.
period of independence, 587, 633.
poetry, 21, 45, 70, 210, 227, 252, 594-5, 634, 690, 715, 716, 751, 841.
prose fiction, 204.
pseudonyms, 667.
romanticism, 45, 96, 226, 229, 555, 562.
sociology, 589.
theater, 8, 53-5, 57, 59, 67, 68, 92, 152, 160, 170, 183, 203, 230, 264, 329, 387, 398, 515, 518, 597, 599, 606, 634, 639, 712, 831.
Lizárraga, Reginaldo de, 626-7.
Lobos, E., 720.

Longhi, Leopoldo, 232.
López, Benicio, 728.
López, Eugenio Gerardo, 171, 396.
López de Gomara, Justo, 712.
López, Lucio Vicente, 158, 298, 531.
López y Planes, Vicente, 34, 122, 190, 194, 345, 526, 550, 791.
López, Vicente Fidel, 95, 121, 155, 204, 297, 347, 375, 391, 531, 536, 621, 629-31, 637, 664, 681.
Lozano, Godofredo, 721.
Luca, Esteban de, 34, 190, 339, 345, 550, 791.
Lucero, Paulino, 634.
Lugones, Benigno B., 207.
Lugones, Leopoldo, 1, 34, 69, 196, 240, 245, 248, 249, 252 (3), 254, 305, 426, 447, 462, 494, 550, 653, 685, 695.
Lynch, Benito, 143, 491, 685.
Llanos, Julio, 124, 400.

Maciel, Juan Baltazar. See Juan Baltazar Maziel.
Magariños Cervantes, Alejandro, 501.
Magnasco, Osvaldo, 16, 503, 515, 755.
Malbrán, Manuel E., 724.
Malver, Antonio E., 60, 419.
Mansilla, Julio Vignola, 787.
Mansilla, Lucio V., 304, 462, 546.
Mantilla, Manuel F., 566.
Marasso Rocca, Arturo, 130, 457, 787, 802, 829.
Marcó, Alejandro, 38.
María, Alcides de, 372.
Mariani, Roberto, 787.
Mario, Salvador, 400.
Mármol, José, 34, 45, 46, 185, 190, 194, 282, 294, 343, 345, 414, 483, 486, 516, 526, 550, 637, 791.
Márquez, José Arnaldo, 207.
Martel, Julián, 561.
Martín Fierro, See José Hernández.
Martín y Herrera, Félix, 722.
Martínez, Benigno, 116.
Martínez Cuitiño, Vicente, 42, 56, 59, 171, 606, 712.

Martínez Estrada, Ezequiel, 142.
Martínez, Gustavo A., 413.
Martínez, Juan A., 305.
Martínez Paz, Enrique, 531.
Martínez, Teófilo, 737.
Martínez, Ventura, 279, 293.
Martínez Zuvería, Gustavo ("Hugo Wast"), 87, 149, 156, 494, 750, 764.
Martini, Rómulo E., 306.
Martinto, Domingo D., 34, 515, 550.
Mas y Pi, Juan, 103, 244, 252-3, 257, 374, 685.
Matienzo, Emilio, 117.
Matienzo, José Nicolás, 727.
Maturana, José A., 34, 171, 383, 676, 712.
Mayo, Marcela del, 235.
Maziel, Juan Baltazar, 34, 47, 305, 324, 327, 550, 592, 595.
Medina Onrubia, Salvadora, 685.
Medrano, Manuel, 550.
Melián Lafinur, Álvaro, 266, 269, 462, 685.
Melián Lafinur, Luis, 699.
Melo, Carlos F., 503.
Méndez Calzada, Enrique, 784, 814.
Méndez, Evar, 34, 130.
Méndez, Gervasio, 34, 97, 275.
Menéndez, Damián, 117.
Menéndez y Pelayo, Marcelino, 608.
Menéndez Pidal, Ramón, 610.
Mercante, Víctor, 728.
Merlino, Carlos, 788.
Mertens, Federico, 89, 440, 531, 606.
Mexía, Ezequiel, 727.
Míguez, Doelia, 34.
Miralla, José Antonio, 516, 550.
Miranda, Lucía, 378, 485.
Miranda, Luis de, 537.
Mitre, Adolfo, 207, 345, 433, 560, 562.
Mitre, Bartolomé, 7, 18, 24, 34, 79, 101, 291, 297, 303, 375, 379, 385, 401-2, 404-6, 419, 470 n, 501, 514, 517, 531, 535, 550, 580, 621, 628, 637, 675, 686, 700, 718, 824.
Mitre, Jorge M., 287, 293, 550.

Mitre, Julio E., 207.
Mitre y Vedia de Bastiniani, Delfina, 34.
"Mocho, Fray," See José S. Álvarez.
Molière, 67.
Molina, José Agustín, 34, 221, 550.
Molinari, Diego Luis, 812.
Molins, W. Jaime, 685.
Monner Sanz, José María, 827.
Monsalve, Carlos, 562.
Montagne, Edmundo, 847.
Monteagudo, Bernardo, 78, 109, 151, 189, 222, 322, 377, 385, 463, 481, 527, 608, 620.
Montero, Carlos Joseph, 759.
Montes de Oca, Manuel A., 304.
Montes de Oca, Sara, 456.
Monzón, Prudencio, 737.
Morales, Ernesto, 258, 453, 784.
Morante, Pedro G., 171.
Moreno, F. P., 720.
Moreno, José María, 419.
Moreno, Manuel, 322, 327, 344.
Moreno, Mariano, 28, 190, 195, 215, 294-5, 307-8, 526, 542-4, 614, 770, 791.
Mujica, Adolfo, 732.
Muniagurria, Camilo, 382, 395, 712.
Muñoz, Bartolomé, 550.
Muñoz Cabrera, Juan Ramón, 481.
Muñoz, Daniel, 84.
Musset, Alfred de, 562.
Muzio Sáenz-Peña, Carlos, 133, 494, 850.

Naón, Pedro J., 34, 118, 246.
Navarro, Luis F., 729.
Navarro Viola, Alberto, 20 (3), 124, 200, 207, 512, 514, 551, 554, 598.
Nébel, Miguel, 59, 606.
Nietzsche, Friedrich Wilhelm, 460, 462.
Nordau, Max, 59.
Novaro, Bartolomé, 298.
Numa Castellanos, Moisés, 34.

Obligado, Pastor S., 531, 737.
Obligado, Pedro Miguel, 497.

Obligado, Rafael, 21, 24, 124, 204, 207, 252, 297, 360, 374, 379, 513-4, 515 (2), 550, 555, 576, 649, 690, 694, 768, 786, 849.
Ocampo, José Gabriel, 550.
Ocantos, Carlos María, 511, 556, 561, 562.
Ohnet, Jorge, 169.
Oliver, Francisco, 721.
Oliver, Manuel María, 374.
Oliver, Ramón, 550.
Olivera, Carlos, 749, 750.
Olivera, Eduardo, 721.
Olivera Lavié, Héctor, 817.
Orgaz, Raúl, 531.
Orlandini, Hilario, 761.
Ortega Belgrano, Raúl, 461.
Ortega, Miguel, 485.
Ortiz, Carlos, 34, 37.
Ortiz Grognet, Emilio, 168, 171, 232.
Otero, Pacífico, 118, 389, 671.
Oyhanarte, Horacio B., 372.
Oyuela, Calixto, 102, 124, 204, 207, 252, 400, 458, 462, 550, 555, 562, 690, 741, 766.
Oyuela, Ignacio, 745.

Pacheco, Carlos M., 171, 384.
Pagano, José León, 142, 168, 171, 606, 836.
Palacios, Pedro B. ("Almafuerte"), 4, 34, 66, 103, 252, 255, 265, 304, 346, 422-3, 429, 462, 467, 550, 653, 678, 683, 685, 806.
Palazzo, Juan, 809, 821.
Palma, Luis M., 550.
"Pantoja, Domingo de," 657.
Pardo de Andrade, Manuel, 550.
Parodié Mantero, Alfredo, 15, 374.
Pascarella, Luis, 142, 685.
Paterson, Roberto, 460, 462.
Payró, Roberto J., 169, 171, 372(2), 374-5, 424, 488, 518, 712.
Paz, Ricardo A., 833.
Pearson, Isaac, 363.
Pedro, Valentín de, 134.
Pellegrini, Carlos, 298, 317, 723.
Pelliza, Mariano A., 19, 318, 375, 525 n, 699.

Peña, David, 38, 59, 124, 168, 171, 383, 518, 529, 570, 606, 653, 698-9, 712-13, 744.
Peña, Enrique, 737, 753.
Peñez, Domingo T., 740.
Perdriel, Héctor, 731.
Pérez Petit, Víctor, 170-1, 372, 712.
Pillado, José Antonio, 118.
Pinelo, Antonio de León, 47.
Piñero, Norberto, 295, 307, 407, 730.
Pizarro, Manuel D., 721.
Podesta, Manuel T., 25.
Poetry, See Literature, Argentine, poetry.
Ponce, Aníbal Norberto, 802.
Ponz Lezica, Cipriano, 134.
Portela, Luisa Israel, 197, 685.
Prego de Oliver, José, 550.
Pujato Crispo, Mercedes, 168, 734.

Queirolo, Enrique, 171.
Quesada, Ernesto, 114, 167, 300, 318, 531, 708.
Quesada, Héctor C., 38.
Quesada, Vicente G., 74, 294, 375, 531, 582, 733.
Quevedo, José María, 34.
Quintana, Manuel, 419.
Quiroga, Adán, 550, 721, 735.
Quiroga, Carlos B., 813, 823.
Quiroga, Horacio, 243, 261, 685, 826, 835, 851.
Quiroga, Juan Facundo, 424, 528.

Ramos Mejía, Francisco, 305.
Ramos Mejía, José María, 1, 159, 182, 297, 347, 350, 352, 462, 541, 586, 638, 647, 649.
Rawson, Guillermo, 192.
Real de Azúa, Gabriel, 550.
Rega Molina, Horacio A., 813.
Regules, Elías, 372.
Revista Argentina, La, 178.
Reyes, Marcelino, 119, 729.
Reyles, Carlos, 86.
Reynal O'Connor, Arturo, 699, 732, 738.
Riú, Francisco Aníbal, 34.

Rivadavia, Bernadino, 190, 366, 706, 791.
Rivarola, Enrique, 29, 124, 207, 252, 432, 447, 550, 760.
Rivarola, Horacio G., 9.
Rivarola, Pantaleón, 34, 345, 550, 595.
Rivarola, Rodolfo, 1, 603, 685, 824.
Robatto, Domingo, 34.
Rodó, José Enrique, 257.
Rodríguez Acasuso, Luis, 792, 820.
Rodríguez, Cayetano José, 34, 221, 294, 321-2, 336, 345, 389, 507-8, 509, 550, 595.
Rodríguez del Busto, Francisco, 439.
Rodríguez Fermín (hijo), 305.
Rodríguez Larreta, Carlos, 171, 298, 606.
Rodríguez Larreta, Enrique, 298.
Rodríguez, Miguel F., 725.
Rodríguez Pujol, Héctor, 813.
Rodríguez Velasco, Luis, 478.
Rohde, Jorge Max, 685, 763, 801, 821, 827.
Rojas, Juan Ramón, 341, 345, 550.
Rojas, Nerio A., 492.
Rojas, Ricardo, 1, 34, 196, 223, 237, 239, 241, 247, 252, 257, 364, 442, 456, 462 (3), 493, 531, 685, 703, 756.
Roldán, Belisario, 34, 59, 170-1, 257, 448, 489, 606, 850.
Romanticism, French, 96, 514.
Roquendo, Miguel, 170-1, 489.
Rosa, R. de, 171.
Rosas de Oquendo, Mateo, 77.
Rossi, Vicente, 597.
Roxlo, Carlos, 372.
Ruiz Moreno, Martín, 275, 724, 743.

Saavedra, Oswaldo, 651.
Sáenz, Mario, 460.
Sáenz Peña, Roque, 304, 317.
Saldías, Adolfo, 462, 531.
Saldías, José Antonio, 490, 606.
Salvaire, Jorge María, 722.
Sánchez, Adolfo, 742.
Sánchez, Florencio, 59, 168-9, 171, 257, 372, 712, 778, 804.

Sánchez Gardel, Julio, 39, 51, 170-1, 712.
San Martín, José de, 268.
Santero, Xavier, 171, 712.
Sarmiento, Domingo Faustino, 7, 14, 17, 24, 29 (3), 71, 75, 94, 96, 99-100, 154, 209, 211, 213, 219, 249, 274, 291, 315, 350, 351, 392, 418-9, 469, 492, 498, 528, 531, 535, 567, 580, 590, 609, 611, 617, 625, 637, 649, 650, 655-6, 658-9, 662-3, 665, 670, 696, 699, 720, 791, 794, 845.
Sarmiento, Domingo (hijo), 184.
Sastre, Marcos, 345, 501.
Schaefer Gallo, Carlos, 89, 90, 170, 171, 397, 606.
Schiaffino, Eduardo, 297.
Schmidel, Ulderico, 335.
Schuller, Roberto R., 374.
Scotto, José Arturo, 120.
Senillosa, Felipe, 722.
Sicardi, Francisco A., 144, 451, 462, 682.
Sociedad Literaria, La, 330, 340, 366.
Söhle, Jorge, 168.
Solá, Manuel, 120.
"Solar, Agenor L.," 400.
Solar, Alberto del, 649.
Soria, Cypriano, 737.
Soto y Calvo, 565.
Soto, José C., 699.
Sousa Argüello, Armando de, 685.
Stock, Guillermo, 34.
Storni, Alfonsina, 146, 268, 302, 685.
Suero, Pablo, 800.

Taborda, Saúl, 146, 494.
Talero, Eduardo, 135, 231, 372.
"Tarbell, René," 169.
Tejeda, Luis José de, 415, 493, 516, 623, 636.
Tejedor, Carlos, 294, 419, 531, 533, 699.
Telégrafo Mercantil, El, 330, 577.
Tena, Alberto, 35, 495, 740.
Testena, Folco, 59 (2), 133.
Theater, See Literature, Argentine, theater.

Tiberio, Oscar, 34, 449, 790.
Tobal, Federico, 721.
Torrendell, J., 271.
Trejó, Nemesio, 38.
Trelles, Manuel Ricardo, 294, 375, 699.
Trongé, Faustino, 170-1, 396.
Turini, Ernesto P., 243, 785.

Ugarte, Manuel, 13, 34, 166, 233, 239, 244, 649, 652, 821.
Unamuno, Miguel de, 257.
Universities, Argentine, 562.
Urien, Carlos M., 491, 531.

Vacarezza, Alberto, 606.
Valdenegro y Leal, Eusebio, 550.
Valliera, Juan, 59.
Varela, Florencio, 34, 165, 195, 501, 550, 704.
Varela, Juan de la Cruz, 34, 97, 150, 190, 329, 345, 366, 410, 516, 550, 619, 636, 646, 649, 669, 701.
Vázquez, Arturo H., 444, 453, 531.
Vedia, Enrique de, 606.
Vedia y Mitre, Mariano de, 246.
Vega, Santos, 70, 379.
Vega, Ventura de la, 34, 516, 550.
Velasco y Arias, María, 531.
Vélez, José María, 243.
Vélez Sarsfield, Dalmacio, 27, 29, 30, 106, 306, 369, 417, 419, 531, 646, 660-1.
Vera y Pintado, Bernardo, 322, 550.
Viana, Javier de, 374.
Vicuña Mackenna, Benjamín, 526.
Vidal, Camilio, 712.
Vieytes, Hipólito, 190, 791.
Villafañe, Benjamín, 726.
Villa Parra, Juan de Dios, 207.
Villar, Amado, 269.
Virgil (Publius Vergilius Maro), 646, 661, 706.

"Wast, Hugo," See Gustavo Martínez Zuvería.
Weigel Muñoz, Ernesto, 721.
Weisbach, Alberto, 170-1.
Wilde, Eduardo, 275, 283-4, 400, ·453, 462.
Wilde, José Antonio, 294.

Zabalía, Félix Alberto de, 50, 52.
Zapata Quesada, René, 450.
Zeballos, Estanislao, 15, 209.
Zimmerman Saavedra, Alfredo, 246, 531.
Zinny, Antonio, 375.
Zorilla de San Martín, Juan, 204.
Zuviría, Facundo, 29.
Zuviría, G. A., 169.
Zuviría, José María, 345, 550.

PUBLICATIONS OF THE UNIVERSITY OF NORTH CAROLINA PRESS

The Saprolegniaceae, with Notes on Other Water Molds

By WILLIAM CHAMBERS COKER, Ph. D., Kenan Professor of Botany and Director of the Arboretum in the University of North Carolina. Quarto. 201 pages, 6 half tones, and 57 line plates. Cloth. $10.00.

> This book contains descriptions of all known species and direct observations on and illustrations of all American species of the family Saprolegniaceae. Notes are added on related families, as Leptomitaceae, Blastocladiaceae, and Monoblepharidaceae. Most cytological and physiological details of importance appearing in the literature since Humphrey's work (1892) have been included or referred to under the species involved.

The Clavarias of the United States and Canada

By WILLIAM CHAMBERS COKER, Ph. D., Kenan Professor of Botany and Director of the Arboretum in the University of North Carolina. Large octavo. 209 pages, 8 colored plates, 71 half tones, and 9 line plates of microscopic detail. Cloth. $10.00.

> This book contains descriptions of all known species of Clavarias, or coral mushrooms, in the area covered, most of which have been redescribed from the living condition. Both European and American type material has been examined wherever possible, and synonomy established. All but two of the plates have been made from living material.

Law and Morals

By ROSCOE POUND, Ph. D., LL. D., Dean of the Harvard Law School. The John Calvin McNair Lectures for 1922-23. 12mo. Cloth. $1.50. *Ready in February, 1924.*

> A discussion of the evolution of law in relation to morals. The papers present certain important social interpretations and blaze new trails in the field of legal literature. Part I, The Historical View. Part II, The Analytical View. Part III, The Philosophical View.

Analytical Index to the Ballad Entries in the Stationers' Registers

By HYDER E. ROLLINS, Ph. D., Professor of English in New York University. Octavo. 324 pages. Paper $3.00. Cloth edition limited to 200 numbered copies $4.00.

> This book covers the period 1557-1709 and is arranged in three separate indexes: I. The title of every ballad listed at Stationers' Hall, with complete bibliographical data and an immense amount of collateral information. 2. An index of first lines. 3. An index of all names and subjects in the entries and notes. Indispensable to students of the ballad, and of great value to students of history and English literature.

Religious Certitude in an Age of Science

By CHARLES ALLEN DINSMORE, B. D., D. D., Professor of Spiritual Interpretation of Literature in Yale Divinity School. 12mo. Cloth. $1.50. *Ready in February, 1924.*

> In "Religious Certitude in an Age of Science," Professor Dinsmore treats of the conflict between the critical intellect in man and that inner spirit which would believe and aspire and rest in certitude. He maintains that the word *knowledge* belongs to religion as well as to science and that religious apprehension reaches nearer the heart of its object than scientific knowledge.

JOURNALS PUBLISHED BY THE UNIVERSITY OF NORTH CAROLINA

The Journal of the Elisha Mitchell Scientific Society. Edited by W. C. COKER, Kenan Professor of Botany. A quarterly journal of research in all branches of science, now in its thirty-ninth volume. Annual subscription, $3.00. Single copy, $1.00. Canadian postage, 16 cents. Foreign postage, 32 cents.

Studies in Philology. Edited by EDWIN GREENLAW, Kenan Professor of English. Published quarterly and devoted to research in language and literature, now in its twentieth volume. The April issue, 1924, will be *Elizabethan Studies: Ninth Series.* Indexed in International Index. Annual subscription, $3.00. Single copy, $1.00. Canadian postage, 12 cents. Foreign postage, 24 cents. After January first, 1924, subscription will be $4.00, single copy $1.25.

The James Sprunt Historical Publications. Edited by R. D. W. CONNOR, Kenan Professor of History and Government. A semi-annual publication devoted to monographs on North Carolina history, now in its eighteenth volume. Subscription price, $2.00. Single copy, $1.25.

The High School Journal. Edited by N. W. WALKER, Professor of Secondary Education. Published monthly from October to May in the interest of secondary schools, now in its sixth volume. Annual subscription, $1.50. Single copy, 25 cents.

The Journal of Social Forces. Edited by HOWARD W. ODUM, Kenan Professor of Sociology. A journal devoted to research and practical investigation, contributions being received from all parts of the country. Published bi-monthly in September, November, January, March, and May, now in its second volume. Annual subscription, $2.50. Single copy, 60 cents. Canadian postage, 20 cents. Foreign postage, 40 cents.

The North Carolina Law Review. Edited by R. H. WETTACH, Assistant Professor of Law. A journal of research and information on all matters pertaining to legal practice, with special reference to North Carolina. Published quarterly, now in its second volume. Annual subscription, $2.00. Single copy, 60 cents.

The University of North Carolina Extension Bulletin. Edited by C. D. SNELL, Director of University Extension. Issued fourteen times annually for the use of individuals and organizations engaged in extra-mural study. Write for special titles and prices.

The University News Letter. Edited by E. C. BRANSON, Kenan Professor of Rural Social Economics. A weekly single-page publication containing the results of investigations made in the field of rural social science and relating particularly to North Carolina. Free to residents of North Carolina.

Research in Progress. Edited by EDWIN GREENLAW, Dean of the Graduate School. An annual review of research in progress at the University of North Carolina, published in July. Free.

Correspondence in regard to any of these publications is invited. Manuscripts should be sent to the editors of the respective journals. Subscriptions and other business communications should be addressed to

THE UNIVERSITY OF NORTH CAROLINA PRESS

CHAPEL HILL, N. C.

www.ingramcontent.com/pod-product-compliance
Lightning Source LLC
Chambersburg PA
CBHW031714230426
43668CB00006B/205